KB214134

52주 마음 다스리기

52주 마음 다스리기

- 성경과 심리학으로 보는 -

박 기 영 지음

예영 B&P

추천사[1]

오늘 우리 주변에서 발생하는 사고나 사건의 배후에 도사리고 있는 문제는 아마도 '감정'일 것입니다. 이성적이며 합리적인 판단을 통해서 풀리지 않는 많은 문제들을 살펴보면 대부분 우리의 감정선과 연결되어 있습니다. 사실 우리는 이해보다는 감정을 통해서 더 많은 행동을 하게 됩니다. 모든 우발적인 행동은 이성이 아닌 감정의 문제입니다. 또한 우리는 종종 "이해는 되지만 용서는 안 돼"라는 말을 합니다. 하지만 "감동은 되지만 용서는 안 돼"라는 말은 하지 않습니다. 우리가 감정을 어떻게 다스리느냐에 따라 인간관계의 새로운 장을 열어주기도 하고 그르치기도 합니다.

이와 같이 우리 삶을 아름답게 느끼도록 만들기도 하고, 애달프게 만들기도 하고 때로는 격한 감동으로 이끄는 감정은 하나님의 소중한 선물입니다. 내 안에 일어나는 감정의 흐름을 알아차리는 것은 나뿐만 아니라 내 감정선과 연결된 타인을 이해하고, 더 나아가 내가 속한 사회의 건강을 유지하고, 인류 사회를 향하여 구원의 역사를 이끄시는 하나님의 뜻을 분별하는데 아주 중요한 요인이 될 것입니다. 감정에 대한 이해는 사람과 사람 사이에도 용서와 화해와 소통을 수반합니다.

매주 월요일 아침에 SNS를 통하여 감성의 소중함을 일깨우며 하나님과 소통하고 이웃을 이해하며 은혜가운데 한 주를 시작할 수 있도록 도움을 주신 박기영 목사님께서 그 동안 보내주셨던 글들을 모아 본서를 출간하게 된 것을 진심으로 축하드립니다. 본서를 통하여 많은 사람들이 감정의 치유를 받고 서로 이해하고 용서하고 소통하며 균형 잡힌 삶을 사는데 도움을 받을 수 있을 것이라고 확신합니다.

성결대학교 총장 **윤 동 철** 목사

추천사[2]

감정은 하나님이 주신 귀한 선물입니다. 내 안에 일어나는 감정의 흐름을 알아차리는 것은 내 자신과 타인을 이해하면서 원만한 대인관계를 위해 매우 중요합니다. 현대인들은 육체의 건강을 위해서 많은 시간과 돈을 투자합니다. 그런데, 정작 정신건강을 위해서는 그만큼 관심을 갖지 않는 경향이 있습니다. 결과적으로 교회 안에서 믿음이 좋은 직분자이지만 우울증으로 힘들어하거나 분노를 조절하지 못해서 힘들어하는 일들이 자주 일어나게 됩니다.

이러한 때에 신학과 기독교상담을 전공한 박기영 목사가 크리스챤의 영적 건강과 심리 정서적 건강을 균형적으로 바라볼 수 있는 본서를 출간하게 된 것을 진심으로 축하드립니다.

본서는 52개의 심리 정서적 주제를 선정하여 성경적인 접근과 심리적인 접근을 하면서 묵상할 수 있도록 되어 있어서 개인의 심리 영적 성숙에 매우 도움이 될 것이라고 확신합니다. 뿐만 아니라 각 주제에 관련된 명언과 묵상을 통해 자신을 성찰하게 하는데 많은 도움이 될 것으로 기대합니다.

아무쪼록, 하나님을 알지 못하는 사람도 쉽게 접근할 수 있도록 구성된 본서를 통해서 더 많은 사람들이 주님을 가까이 하고, 온전한 하나님의 사람으로서 균형적인 신앙인의 삶을 이루어나갈 수 있기를 기대합니다.

성결대학교회 **김종준** 담임목사

머리말

'300자 아침묵상'을 문자 메시지로 보내기 시작한지가 벌써 만 3년이 넘었습니다. 말씀묵상을 스마트 폰으로 처음 보내게 된 계기는 멀리 떨어져 지내던 두 아들을 위해서였습니다. 아버지가 기도하는 마음을 담아서 아침마다 하나님의 말씀을 보내는 것이 자녀의 신앙 성장을 위해서 뿐만 아니라, 아버지의 사랑을 전할 수 있는 좋은 방법이라고 생각했습니다.

이렇게 시작된 아침묵상을 여러 지인들에게 보내는 것도 괜찮을 것 같았습니다. 그래서 예전에 함께 신앙생활을 했던 성도들과 동창들 그리고 일부 목회자들에게까지 대상을 확대하다보니 5백 명이 넘었습니다. 매일 말씀 묵상을 준비하고, 그 내용을 카톡에 입력한 후에 아침마다 보내는 것이 쉬운 일은 아니었지만, 그렇게 아침묵상을 보낸 지 1년 만에 많은 변화가 있었습니다.

'300자 아침묵상'을 받아 보시던 어느 집사님이 그 내용을 받아서 200여 명에게 전달하고 있다는 말을 듣고 깜짝 놀랐습니다. 어떤 분은 100명, 어떤 분은 50명, 어떤 분은 10명, 어떤 분은 중국에서 유학을 하고 있는 아들에게 보내면서 자녀와 소통할 수 있는 기회로 삼게 되었다면서 고마움의 뜻을 전하기도 했습니다. '300자 아침묵상'을 보내던 첫 해에 세례를 받거나, 신앙생활을 쉬고 있다가 다시 교회에 나가게 된 분들이 일곱 분이나 된 것을 보면서 이것을 나의 사명으로 생각하게 되었습니다. 이렇게 아침묵상을 보낸 지 3년이 지나면서 이것을 책으로 발간했으면 좋겠다는 지인들의 요청이 있었습니다. 처음에는 크게 귀에 들어오지 않았지만, 그런 이야기를 여러 사람들로부터 반복해서 들으면서 힘을 얻게 되었습니다. 그래서 그 동안 보냈던 아침묵상 중에서 52 주제를 선별하여 모아 다음과 같은 기준으로 정리해 보았습니다.

첫째, 본래 카톡으로 보내는 내용은 '300자 아침묵상'이었지만, 책의 모양을 갖추려고 내용을 부분적으로 보완하다보니, 결과적으로 분량이 약간 더 많아졌습니다.

둘째, 그동안 보냈던 다양한 주제 가운데서 주로 심리 정서인 것들을 선별하여 심리학적 접근과 성경적 접근을 하였고, 그 주제에 관련된 명언을 추가했습니다.

셋째, 주제와 관련하여 개인이 '묵상'할 수 있는 질문을 통해서 삶에 적용해 볼 수 있도록 했습니다. 52주제이기 때문에 구역예배나 성경공부용으로도 사용할 수 있습니다.

지난 3년 동안 '300자 아침묵상'을 보내면서 가장 많은 은혜를 받았던 사람은 바로 제 자신이었습니다. 말씀 묵상을 위해서 제 자신이 먼저 하나님의 말씀과 동행하는 삶을 살게 된 것이 가장 큰 축복이라고 생각합니다. 그동안 '300자 아침묵상'을 받아보셨던 여러분들의 지지와 격려가 저에게는 큰 힘이 되었습니다. 그 동안 보냈던 내용들을 선별하면서 여전히 부족한 부분이 눈에 띄지만, 그럼에도 불구하고 책자로 낼 수 있도록 동기부여를 해 주시고, 성원해 주신 지인들의 응원에 감사를 드립니다.

특히 바쁘신 중에서도 '300자 아침묵상'에 대한 피드백을 보내주신 목사님과 장로님, 권사님, 집사님들께 감사를 드립니다. 미국과 캐나다에서 그리고 인도와 태국과 중국과 호주에서 때로는 유럽 여행 중에도 카톡으로 주시는 답신을 볼 때마다 세계가 정말 가까운 이웃이라는 느낌을 갖게 되었고, SNS 시대의 소통을 실감하게 되었습니다.

그동안 '300자 아침묵상'을 통해서 주안에서 교제하게 하신 하나님께 이모든 영광을 돌려드립니다. 그리고 책의 출판을 위해서 동기부여를 해주시고 물심양면으로 지원해 주신 성도님들께도 감사드립니다. 특별히 본서를 기쁜 마음으로 추천해주신 성결대학교 총장 윤동철 목사님과 성결대학교회 김종준 담임목사님, 그리고 이 책을 출판하게 해 주신 예영B&P 사장님께도 깊은 감사드립니다. 또한 '300자 아침묵상'을 시작하도록 동기부여가 된 두 아들(제민, 제왕)에게도 고맙게 생각하며, 그 동안 이일을 위해 응원하고 격려해 준 사랑하는 아내와 언제나 저를 위해 기도해 주시는 어머님께도 감사의 마음을 전해 드립니다. 앞으로도 '300자 아침묵상'이 변함없이 배달될 수 있도록 여러분의 많은 기도와 성원을 부탁드립니다.

2016년 10월 29일

박기영 목사

차 례

1장

생각 다스리기

관계의 심리

　인간관계는 삶에 있어서 적응과정의 중요한 한 측면이다. 인간은 환경과의 상호작용을 통해 적응해 가는 존재이다. 적응은 변화하는 주변 환경 속에서 살아가기 위한 개인의 노력을 의미한다. 적응은 일반적으로 두 가지 과정, 즉 주어진 환경에 자신을 맞추는 순응과정과 자신의 욕구를 충족시키기 위해 환경을 변화시키는 동화과정으로 구성된다. 사람은 이러한 순응과정과 동화과정을 통해 생존하고 발전하며 성숙해 간다.

　현대인들은 다양한 사람과의 관계 속에서 적응을 해 간다. 이러한 인간관계 속에서 즐거운 감정을 느끼기도 하지만 때로는 불편하고 불쾌한 감정을 경험하게 된다. 인간관계는 늘 친밀하고 안정된 상태로 유지되는 정적인 관계가 아니라 끊임없이 변화하는 역동적인 관계이다. 그래서 많은 사람들이 인간관계 속에서 고통을 느끼고 부적응을 경험한다.

인간관계의 부적응은 여러 가지 기준으로 정의될 수 있다. 첫째, 인간관계 속에서 느끼는 주관적 불편감이 부적응의 기준이 될 수 있다. 둘째, 사회문화적 규범으로부터의 일탈이다. 어느 사회이든 남녀노소와 상황에 따라서 상대방에게 지켜야 할 여러 가지 행동규범이 있다. 그런데 이런 규범에 벗어나게 행동하면 그 사회에서 적응하기가 어렵다. 셋째, 인간관계의 역기능이다. 이는 개인의 사회적 적응에 결과적으로 부정적인 영향을 미치는 인간관계를 의미한다. 사회에서 일어나는 갈등과 불행은 이런 인간관계의 부적응으로부터 파생되는 경우가 많다.

● 인간관계심리학, 권석만

"당신들은 나를 해하려 하였으나 하나님은 그것을 선으로 바꾸사 오늘과 같이 많은 백성의 생명을 구원하게 하시려 하셨나니 당신들은 두려워하지 마소서 내가 당신들과 당신들의 자녀를 기르리이다 하고 그들을 간곡한 말로 위로하였더라" (창 50:20-21)

믿음은 관계입니다.

● 행복의 90%는 인간관계에 달려있다. (키에르케고르) 만약 100% 행복을 원한다면 하나님과의 관계가 회복되어야 하며, 그 관계는 오직 예수를 믿음으로만 가능합니다.

● 대인관계를 잘하면 세상에서 성공하지만, 대신관계를 잘 하면 영생의 축복이 있습니다. 대인관계뿐 아니라, 대신관계를 잘 하는 자가 믿음이 있는 자입니다.

● 하나님을 믿을 때에 죄로 인해 단절된 관계가 회복됩니다. 주님과의 관계가 회복되는 것이 곧 구원입니다. "그리스도로 말미암아 하나님과 화평을 누리자."(롬 5:1)

● 이웃과 화평한 관계를 갖는 자가 믿음의 사람입니다. "모든 사람과 더불어 화평함과 거룩함을 따르라 이것이 없이는 아무도 주를 보지 못하리라."(히 12:14)

● 믿음의 사람이라면 하나님과의 관계뿐만 아니라, 대인관계도 잘 가져야 합니다. 교회 안에서 성도들끼리만 관계를 잘 가지는 것이 아니라, 세상 가운데서도 좋은 관계를 가질 수 있어야 합니다.

【명언】
● 이 시대 최고의 선은 하나님과의 관계가 회복되는 것이다.(존 스토트)
● The best good thing in this generation is that the relationship with God is restored. (John Stott)

【묵상】 내가 회복해야 할 관계는 무엇입니까?

관계는 영성입니다.

● 대개 성수주일, 십일조, 새벽기도 등을 잘 하면 믿음이 있다고 합니다. 그러나 레너드 스윗은 그것보다는 "관계를 잘 맺는 자가 진정으로 영성이 있다."고 했습니다.

● 신앙적으로 아무리 열심히 헌신을 한다고 해도 다른 성도나 자신이 속한 직장의 동료들과 관계가 좋지 않다면 결코 믿음이 좋은 성도라고 할 수가 없습니다.

● 영성이 있는 사람은 하나님과의 관계를 비롯해서 모든 사람과의 관계가 원만한 자입니다. 관계를 통해 하나님의 은혜와 축복이 임하는 것을 알고 실천하는 자입니다.

● 하나님의 자녀는 화평케 하는 자이므로 이간질을 하지 않습니다. "화평케 하는 자는 복이 있나니 그들이 하나님의 아들이라 일컬음을 받을 것임이요."(마 5:9)

● 주님은 나의 관계를 보십니다. "원망들을 만한 일이 있는 것이 생각나거든 예물을 제단 앞에 두고 먼저 가서 형제와 화목하고 그 후에 와서 예물을 드리라."(마 5:23-24)

【명언】
● 비판하는 습관이야말로 인간관계에 있어서 가장 치명적인 결함이다. (데일 카네기)
● Indeed habit of criticism is the fatal flaw in human relations. (Dale Carnegie)

【묵상】 좋은 관계를 위해 어떤 노력을 하십니까?

관계의 지혜

● 관계를 잘 맺기 위해서는 하나님의 지혜가 필요합니다. 화평케 하는 자는 하나님의 자녀입니다. (마 5:9) 그러나 어둠의 세력은 어떻게 해서든지 관계를 파괴하려고 합니다.

● 섬김은 관계의 시작입니다. 예수님의 섬김으로 하나님과의 관계가 회복되었습니다. "인자가 온 것은 섬김을 받으려 함이 아니라 도리어 섬기려 하고 자기 목숨을 많은 사람의 대속물로 주려 함이니라."(마20:28)

● 용서는 관계를 회복시키는 윤활유입니다. 요셉은 형들 때문에 많은 상처와 고난을 받았으나 애굽 총리가 된 후에 복수하지 않고 형들을 용서했습니다. (창 50:19-21)

● 온유함은 성숙한 관계를 갖게 합니다. 예수(마 11:2)와 모세(민 12:3)도 온유했으며, 바나바도 착한 사람(행 11:24)이었습니다. 온유한 자가 사람과 기업을 얻습니다.

● 아브라함과 같은 양보가 관계를 유지시킵니다. "앞에 온 땅이 있지 아니하냐 나를 떠나가라 네가 좌하면 나는 우하고 네가 우하면 나는 좌하리라."(창 13:9)

【명언】
● 인간의 영혼은 복수를 넘어서 상처를 용서하고자 할 때가 가장 강해 보인다. (에드윈 허블 채핀)
● Never does not the human soul appear so strong as when it foregoes revenge and dares to forgive an injury. (E. H. Chapin)

【묵상】 관계 유지에 어려운 점은 무엇입니까?

관계중독

관계중독은 사람, 관계 또는 관계의 감정에 집착되어, 자신이 도저히 조절하거나 어떻게 해 볼 수 없으며, 모두에게 해가 되는데도 강박적으로 집착하는 행동과 상태를 중단할 수 없이 계속 유지하는 것이라고 정의할 수 있다. 즉 관계가 없으면 불안하고 공허한 기분이 들고 존재하지 않을 것 같은 의존 상태가 되는 것인데, 관심이 자신보다는 타인에게 집중되어 있으므로 자신에게 중요한 일은 소홀해지고 오로지 관계를 유지하기 위하여 손해 보는 일을 감수하게 된다.

Whiteman과 Peterson(2004)는 관계중독을 사랑중독, 사람중독, 성중독의 3가지 하위 유형으로 구분했다.

사랑중독은 실제로 어떤 대상을 사랑한다기보다는 사랑에 빠지는 것을 사랑이라고 착각한다. 그래서 사랑의 감정을 계속해서 느낄 수 있는 관계를 지속적으로 추구하기 때문에 사랑을 받지 못한다고 생각이 되면 비참해지고 자신이 어떠한 희생을 치르더라도 사랑을 받기위해 여러 시도를 한다.

사람중독은 특정한 사람에 대한 강한 애착을 나타내는 것으로서 그 사람을 통해서만 행복을 느끼는 것을 말한다. 사람중독은 소유욕과 폭력의 형태로 나타나는 경우가 많다.

성중독은 의존적인 욕구가 충족되지 못했을 때, 내면에 자리한 충동적이고 강박적인 불만족을 성적인 것으로 대치시키는 것을 말한다. 이들은 타인과 건강한 관계를 맺게 하는 사건이나 과정을 병적인 관계로 대체하는데, 겉으로는 쾌락을 추구하지만 실제로는 힘에 대한 추구이거나 자신을 파괴하는 행위이다(Whiteman & Peterson, 2004).

"도울 힘이 없는 인생도 의지하지 말지니 그의 호흡이 끊어지면 흙으로 돌아가서 그 날에 그의 생각이 소멸하리로다 야곱의 하나님을 자기의 도움으로 삼으며 여호와 자기 하나님에게 자기의 소망을 두는 자는 복이 있도다"(시 146:3-5)

누구를 의지합니까?

● 인간만큼 오랜 기간 부모에게 의존하는 동물은 없습니다. 그 결과로 부모를 떠나야할 시기에 분리불안 증세를 보이기도 하는데, 그렇게 되면 이들은 독립적으로 살아갈 수 없습니다.

● 자녀의 독립성을 키워주는 것은 부모의 역할입니다. 만일 부모만을 의존하도록 만든다면 이는 자녀가 독립적으로 성장하는데 전혀 도움이 되지 않습니다.

● 이러한 자녀는 누군가의 도움을 받지 않으면 일처리를 할 수 없는 의존형 인간이 되어 버립니다. 자녀가 독립적으로 성장하는 것을 가로 막는 장본인은 결국 부모입니다.

● 이처럼 부모에게만 의존하도록 만드는 것은 자녀의 행복을 위해서도 도움이 되지 않습니다. 의존형 인간의 특징은 우유부단하여 스스로 결정을 하지 못하며, 책임을 회피합니다.

● 육신의 부모보다 능력이 많으신 하나님 아버지를 의지하도록 하는 것이 지혜입니다. "여호와를 의지하라 그는 너희의 도움이시요 너희의 방패시로다."(시 115:9)

【명언】
● 온 마음을 다하여 살아계신 하나님을 의지하라. 그리하면 평안이 찾아올 것이다. (D. L. 무디)
● Rely on the living God with all your heart. so that it will come peace. (D. L. Moody)

【묵상】 사람 의존형입니까? 하나님 의존형입니까?

의존형 인간의 특징

● 의존형 인간의 특징은 책임지기를 두려워합니다. 이는 스스로 알아서 하라고 해놓고 일이 잘못되면 책망하는 이중적인 성격의 부모 밑에서 자랐을 가능성이 큽니다.

● 의존적인 사람은 혼자 있는 것을 두려워합니다. 무슨 일이 생기면 누군가가 옆에 있어야 마음을 놓습니다. "두려워하지 말라 내가 너와 함께 함이라."(이사야 41:10)

● 의존형 인간은 타인의 보호를 받는다는 느낌이 들어야 안심합니다. "여호와께서 자기를 사랑하는 자들은 다 보호하시고 악인들은 다 멸하시리로다."(시 145:20)

● 의존형 인간은 끊임없이 질문하거나 부탁을 하면서 상대방을 시험합니다. 이러한 경우 그들이 요구하는 것을 다 들어준다고 해도 의존도만 높아질 뿐입니다.

● 의존형 인간이 올바르게 성숙하려면 그들의 의존성을 조장하지 않거나 이용하지 않은 사람을 만나야 합니다. 또한 주님의 사랑으로 자존감을 높여주어야 합니다.

【명언】
● 한 인간을 알기 위해서 때로는 그를 떠나 볼 필요가 있다. (하이미토 폰 도데러)
● Sometimes it is necessary to leave him, to know how a human being is. (Heimito von Doderer)

【묵상】 사람은 왜 타인을 의지하려고 할까요?

하나님을 의지할 이유

● 전능하신 능력이 있기 때문입니다. "인생도 의지하지 말지니"(시 146:3) "이스라엘아 여호와를 의지하라 그는 너희의 도움이시요 너희의 방패시로다."(시 115:9)

● 영원토록 변함이 없기 때문입니다. "그는 살아 계시는 하나님이시요 영원히 변하지 않으시며 그 나라는 멸망하지 아니할 것이요 그 권세는 무궁할 것이며"(단 6:26)

● 주님을 의지하기 위해 오는 자를 결코 거절하지 않으시고 받아주시기 때문입니다. "주를 의지하오리니 이는 주를 찾는 자들을 버리지 아니하심 이니이다."(시 9:10)

● 기도할 때에 나의 소원을 응답해 주시기 때문입니다. "여호와께 맡기라 그를 의지하면 그가 이루시고"(시37:5) "여호와를 의지하는 자는 풍족하게 되느니라."(잠 28:25)

● 하나님을 의지하는 것은 축복의 근원이기 때문입니다. "여호와를 의지하며 여호와를 의뢰하는 그 사람은 복을 받을 것이라."(렘 17:7) 하나님을 의지하지 않는 것은 인간의 교만입니다.

【명언】
● 다른 사람에게 벌벌 떨고 살지 않으려면 자신을 하나님께 맡겨야 한다. (톨스토이)
● Entrust yourselves to God, If you do not want to live shaking scared by others. (Tolstoy)

【묵상】 언제 하나님을 의지합니까?

꿈의 해석

꿈은 우리를 의식, 즉 인식과 행동으로 이끌어 간다. 꿈을 해석하는 어떤 기술들은 꿈에 내포되어 있는 에너지를 인식하여 자기 것으로 만들도록 돕는다. 이러한 인식의 기술은 "주요 질문 던지기", "꿈의 인물과 대화하기" 그리고 "상징을 다루는 기술"등이다. 우리의 꿈은 가족, 친구 그리고 보다 넓은 공동체와의 관계를 반영한다.

과학자, 예술가, 발명가, 사업가들이 꿈을 통해 얻은 영감이나 지혜를 실천하여 사회에 크게 공헌한 사례는 인류 역사에서 얼마든지 찾아볼 수 있다. 기독 교회사를 돌아보면 크리스천들도 성경의 꿈들로부터 에너지를 얻어 교회를 보다 효과적으로 개혁하고 성장시켜 왔음을 알 수 있다. 이러한 꿈이 하나님께서 자신과 공동체를 위해 우리에게 선물로 주신 것이 사실이라면, 꿈이 사회적인 문제들을 반영하고 있는 것은 당연한 일이다.

영적 지도자의 역할은 교인들의 꿈과 꿈 해석을 통해 교인들의 영적 성장을 인도하고 도와주는 기능이다. 크리스천의 관점에서 보면 꿈은 인간의 자아, 지능, 상상력, 또는 자기 이해보다 훨씬 심오한 근원으로부터 오는 하나님의 선물이다. 때로 우리는 루스 광야의 야곱처럼 꿈을 통하여 하나님을 만나기도 한다. 다니엘도 꿈이 하나님으로부터 올 뿐 아니라 꿈의 깊은 의미도 하나님으로부터 온다고 믿었다. 그러므로 크리스천은 꿈을 영적인 관점에서 다룰 필요가 있다.

● 꿈, 내 마음의 거울, 루이스 M. 세이버리, 정태기 역

"그들이 요셉을 멀리서 보고 죽이기를 꾀하여 서로 이르되 꿈 꾸는 자가 오는도다 자, 그를 죽여 한 구덩이에 던지고 우리가 말하기를 악한 짐승이 그를 잡아먹었다 하자 그의 꿈이 어떻게 되는지를 우리가 볼 것이니라 하는지라" (창 37:18-20)

어떤 꿈이 있습니까?

● 개인적인 꿈이 있습니다. 사람들은 저마다 자기 개발과 자아실현의 꿈이 있습니다. "여호와를 기뻐하라 그가 네 마음의 소원을 네게 이루어 주시리로다."(시 37:4)

● 가족을 위한 꿈이 있습니다. 한 여인이 귀신들린 자기 딸을 고쳐 달라고 예수께 와서 간청을 하며 물러서지 않았을 때 그 믿음을 보시고 낫게 하셨습니다. (막 7:26-29)

● 공동체를 위한 꿈이 있습니다. 마틴 루터 킹 목사는 흑인과 백인이 평등하게 사는 사회를 꿈꾸었습니다. 그의 그런 꿈은 하나님이 그에게 주신 것이었습니다. (시 119:49)

● 민족을 위한 꿈이 있습니다. 하나님은 모세에게 노예생활을 하던 자기의 민족을 해방시키라는 사명을 받았고, 그것은 그의 꿈과 비전이 되었습니다. (출 6:10-11)

● 인류를 위한 꿈이 있습니다. 예수는 모든 사람이 구원을 얻도록 하기 위해 세상에 오셨습니다. "인자가 온 것은 잃어버린 자를 찾아 구원하려 함이니라."(눅 19:10)

【명언】
● 세상에서 가장 불쌍한 사람은 시력은 있지만 비전이 없는 자입니다. (헬렌 켈러)
● The most pathetic person in the world is some who has sight, but has no vision. (Helen Keller)

【묵상】 나에게는 어떤 꿈과 비전이 있습니까?

꿈을 꾸는 사람들

● 바디매오가 간절히 원했던 꿈은 앞을 보는 것이었습니다. "네게 무엇을 하여 주기를 원하느냐 이르되 주여 보기를 원하나이다."(눅 18:41) 결국 그의 꿈은 이루어졌습니다.

● 예수의 두 제자는 높아지고자 하는 꿈을 꾸었습니다. "너희에게 무엇을 하여 주기를 원하느냐 우리를 하나는 주의 우편에, 하나는 좌편에 앉게 하여 주옵소서"(막 10:37)

● 솔로몬 왕은 꿈속에서 지혜를 구했습니다. "누가 백성을 재판할 수 있사오리이까? 듣는 마음을 종에게 주사 주의 백성을 재판하여 선악을 분별하게 하옵소서."(왕상 3:9)

● 어떤 관리는 예수님께 와서 영생을 얻는 방법을 구했습니다. "어떤 관리가 물어 이르되 선한 선생님이여 내가 무엇을 하여야 영생을 얻으리이까?"(눅 18:18)

● 새해를 맞이하면서 나의 꿈과 소망은 무엇입니까? 하나님은 지금도 나에게 어떤 꿈과 비전을 가지고 있는지 물으십니다. 꿈과 소망이 없는 자는 결코 이룰 수 없습니다.

【명언】
● 어릴 적 나에겐 정말 많은 꿈이 있었고, 그 꿈의 대부분은 많은 책을 읽을 기회가 많았기에 가능했다고 생각한다. (빌 게이츠)
● I really had a lot of dreams when I was a kid, and I think a great deal of that grew out of the fact that I had a chance to read a lot. (Bill Gates)

【묵상】 꿈을 이루기 위해서 어떻게 할까요?

꿈은 어떻게 이루어질까요?

● 먼저 꿈을 꾸어야 합니다. "요셉이 그들에게 오기 전에 그들이 요셉을 멀리서 보고 죽이기를 꾀하여 서로 이르되 꿈꾸는 자가 오는도다."(창 37:18-19)

● 간절한 소원이 있어야 합니다. 한나는 아들을 갖기 위해 주님께 통곡하며 부르짖었습니다. "한나가 마음이 괴로워서 여호와께 기도하고 통곡하며 서원하여 이르되 만군의 여호와여"(삼상 1:10-11)

● 자신이 노력한 만큼 이루어집니다. 구원은 선물이지만 꿈은 노력이 필요합니다. "다른 사람들은 노력하였고 너희는 그들이 노력한 것에 참여하였느니라."(요 4:38)

● 자신이 믿는 만큼 이루어집니다. "예수께서 대답하여 이르시되 여자여 네 믿음이 크도다. 네 소원대로 되리라 하시니 그 때로부터 그의 딸이 나으니라."(마 15:28)

● 최종적으로 하나님께서 도와주셔야만 가능합니다. "너희가 내 안에 거하고 내 말이 너희 안에 거하면 무엇이든지 원하는 대로 구하라 그리하면 이루리라."(요 15:7)

【명언】
● 꿈을 기록하는 것이 나의 목표였던 적은 없다, 꿈을 실현하는 것이 나의 목표이다. (만 레이)
● It has never been my object to record my dreams, just to realize them. (Man Ray)

【묵상】 꿈의 성취를 방해하는 것은 무엇입니까?

선택의 심리

"훗날에 나는 어디선가 한숨을 쉬며 말할 것이다. 숲 속에 두 갈래 길이 있었는데, 나는 사람이 적게 간 길을 택하였다고. 그리고 그것 때문에 모든 것이 달라졌다고." 로버트 프로스트가 쓴 이 시는 선택이 한 사람의 삶을 어떻게 바꿀 수 있는가를 이야기하고 있다. "결혼은 해도 후회, 안 해도 후회"라는 말 또한 선택의 어려움을 말하고 있으며, 실제로 잘못된 결혼은 두 사람의 인생은 물론 부모를 비롯해 가족, 나아가 자녀에게까지 엄청난 불행을 초래하는 만큼 신중한 선택이 필요하다.

하나님은 인간에게 선택할 수 있는 자유의지를 주셨다. 갓 태어난 아기도 계속 울 것인가 그만 그칠 것인가를 선택한다. 아이들이 부모를 길들이는 선택권을 행사하는 것이다. 이에 대해 부모는 아이의 선택에 대해 냉담한 반응을 보일 수도 있고 애정을 보일 수도 있다. 이렇게 아이의 선택과 부모의 선택이 만나 최초의 인간관계 스타일을 만든다. 어린 시절부터 시작되는 이런 작은 선택들이 모여 인생이 결정된다.

삶은 선택의 연속이며, 선택이 인생을 좌우한다. 선택을 하는 9가지 성격 심리는 다음과 같다. (1) 융통성 없는 원칙주의자, (2) 타인의 요구에 이끌리는 협조자, (3) 상황 파악 능력이 뛰어난 성취자, (4) 남과 다른 것을 선택하는 예술가, (5) 선택 전에 미리 생각해 보는 탐구자, (6) 여러 사람의 정보를 종합해서 의사결정 하는 신중한자, (7) 새로운 재미를 추구하는 열정가, (8) 밀어 붙이는 도전가, (9) 아무 일 없기를 바라는 평화주의자.

● 성격의 심리학, 도홍찬

"만일 여호와를 섬기는 것이 너희에게 좋지 않게 보이거든 너희 조상들이 강 저쪽에서 섬기던 신들이든지 또는 너희가 거주하는 땅에 있는 아모리 족속의 신들이든지 너희가 섬길 자를 오늘 택하라 오직 나와 내 집은 여호와를 섬기겠노라"(수 24:25)

후회 없는 인생

● 후회 없는 인생을 살기 위해 솔로몬은 왕으로서 온갖 부귀영화를 누리며 다양한 경험을 해 보았습니다. "아! 먹고 즐기는 일을 누가 나보다 더 해 보았으랴"(전 2:25)

● 그는 자신이 마음에 원하는 모든 것을 해 보았지만 허무했습니다. "내 손으로 한 모든 일과 수고한 것이 다 헛되어 바람을 잡는 것이며 해 아래서 무익한 것이로다."(전 2:11)

● 인간의 공허한 마음을 채우는 것은 오직 하나님뿐입니다. "일의 결국을 다 들었으니 하나님을 경외하고 그의 명령을 지킬지어다. 이것이 사람의 본분이니라."(전 12:13)

● 창조주를 기억하는 것이 후회 없는 인생을 사는 길입니다. "너는 청년의 때에 너의 창조주를 기억하라 곧 곤고한 날이 이르기 전에 나는 아무 낙이 없다고 할 해가 가깝기 전에...그리하라."(전 12:1)

● 후회하는 인생을 살 것인지, 후회 없는 인생을 살 것인지에 대한 최종적인 선택은 내가 하는 것입니다. 그리고 그 선택에 대한 책임 또한 내가 지는 것입니다.

【명언】
● 당신의 선택이 실질적으로 당신이 어떠한 사람인지 확실히 말해준다. (브라이언 트레이시)
● Your choices tell you unerringly who you really are. (Brian Tracy)

【묵상】 후회했던 선택은 무엇입니까?

죽을 때 후회하는 25가지

● '죽을 때 후회하는 25가지'라는 책이 있습니다. 1천 명의 죽음을 지켜본 일본의 호스피스 전문의사가 저술한 책입니다. 그 중에 몇 가지는 아래와 같습니다.

● 사랑하는 사람들에게 고맙다는 말을 많이 했더라면, 조금만 더 겸손했더라면, 조금만 더 친절을 베풀었더라면, 감정에 휘둘리지 않았더라면, 죽도록 일만하지 않았더라면.

● 좀 더 일찍 담배를 끊었더라면, 삶과 죽음의 의미를 진지하게 생각했더라면, 그리고 죽을 때 후회하는 25가지 중 마지막은 "신의 가르침을 알았더라면"이었습니다.

● 반면에 "내가 세상에서 가장 잘 한 일은 예수를 믿은 일이다"라는 책에서 16명의 사회 저명인사들은 자신이 크리스천이 된 것을 탁월한 선택이었다고 고백합니다.

● 부귀영화를 누리면서도 허무함을 느꼈던 지혜의 왕 솔로몬은 후회하지 않는 나그네 인생이 되려면 여호와를 경외하고 그 명령을 지켜야 된다고 주장했습니다(전 12:13-14).

【명언】
● 생각은 현명하게 하지만 행동은 바보스럽게 하는 것이 인간의 본성이다. (아나톨 프란스)
● It is human nature to think wisely and act foolishly. (Anatole France)

【묵상】 후회 없는 인생을 살려면 어떻게 할까요?

선택의 기준이 있습니까?

● 외모를 선택의 기준으로 하기도 합니다. 그러나 하나님은 사람의 중심을 보십니다. "내가 보는 것은 사람과 같지 아니하니 사람은 외모를 보거니와 나 여호와는 중심을 보느니라."(삼상 16:7)

● 현실을 택하는 자입니까? 영생을 택하는 자입니까? "이 성경이 곧 내게 대하여 증언하는 것이니라. 그러나 너희가 영생을 얻기 위하여 내게 오기를 원하지 아니하는도다."(요5:39-40)

● 썩어질 것을 선택하시겠습니까? 영원히 썩지 아니할 것을 선택하시겠습니까? "그들은 썩을 승리자의 관을 얻고자 하되 우리는 썩지 아니할 것을 얻고자 하노라"(고전 9:25)

● 내 입장만을 생각하는 롯입니까? 아니면 상대방의 입장을 고려하는 성숙한 아브라함입니까? "나를 떠나라 네가 좌하면 나는 우하고 네가 우하면 나는 좌하리라"(창 13:9)

● 육신의 쾌락과 영적인 일이 선택의 기준이 되기도 합니다. "육신을 따르는 자는 육신의 일을, 영을 따르는 자는 영의 일을 생각하나니 육신의 생각은 사망이요 영의 생각은 생명과 평안이니라"(롬 8:5-6)

【명언】
● 인생에는 수많은 선택의 기회가 있다. 우리의 선택이 곧 우리의 미래를 결정한다. (캐더린 펄시퍼)
● Life presents many choices, the choices we make determine our future. (Catherine Pulsifer)

【묵상】 내 선택의 기준은 무엇입니까?

소통의 심리

    소통의 핵심은 의미를 공유하는 것이다. 의미 공유 중에서 마음으로 느끼는 부분이 공감이다. 사람이 공감할 수 있는 것은 사람의 뇌 속에 거울 뉴런이라는 신경세포가 있기 때문이다. 누군가를 도와주면서 그 사람이 행복해 하는 모습을 보면서 내 자신도 행복해지게 된다. 공감과 행복을 느끼는 소통은 자기 이야기만을 하고 싶은 욕구를 누르고, 상대 이야기를 끝까지 들으며 공유 부분을 찾을 때 가능하다.

    의견이 같은 사람과 함께 있을 때에 편안한 마음이 드는 것은 무슨 이유

때문일까? 그것은 우리의 머리와 마음속에 일관성을 유지하고 싶어 하는 동기가 있기 때문이다. 사람은 처음에 좋게 본 사람은 나중에 나쁜 행동을 해도, 좋게 보려고 하고, 처음에 나쁘게 본 사람은 나중에 좋은 행동을 해도, 무슨 꿍꿍이 속이 있을까라고 생각한다. 이는 인간이 처음에 생각한 것과 같게 일관성 있게 생각해야 마음이 편해지기 때문이다.

서로 의견이 다를 때 긴장을 처리하는 3가지 대안이 있다. 첫째, 상대를 설득해서 자기의견과 같게 만들거나, 둘째, 내 의견을 상대 쪽으로 바꾸거나, 셋째, 이 두 가지가 어려울 때는 관계를 끊고 적이 된다. 소통을 할 때 가장 중요한 것은 착시 현상으로 인해 눈으로 보이는 것이 사실이 아닐 수도 있다는 것이다. 그러므로 어떤 사람의 하나만을 보고, 그 사람 전체를 판단하면 오류에 빠지기 쉽다. 그러므로 다른 사람 또는 다른 사람의 의견에 대한 내 생각을 지나치게 과신해서는 안 된다.

● 행복 소통의 심리, 나은영

"너희 안에 이 마음을 품으라 곧 그리스도 예수의 마음이니 그는 근본 하나님의 본체시나 하나님과 동등됨을 취할 것으로 여기지 아니하시고 오히려 자기를 비워 종의 형체를 가지사 사람들과 같이 되셨고" (빌 2:5-7)

소통이 되어야 삽니다.

● 소통이 되지 않고 막히면 답답하여 고통을 당하다가 죽게 됩니다. 소통이 중요한 이유입니다. 소통이 되지 않으면 혼자만 힘든 게 아니라 주변 사람들까지 고통을 당하게 합니다.

● 신체적인 소통이 필요합니다. 혈관이나 담도나 혹은 요도가 막히게 되면, 견디기 힘든 고통이 올뿐 아니라 막힌 곳을 뚫지 않으면 천하장사라도 죽음을 피할 수가 없습니다.

● 관계적인 소통이 중요합니다. 서로 말이 통하지 않는 것처럼 답답한 일도 없습니다. 한 집에서 살고, 한 직장에서 일해도 소통이 되지 않으면 심리적으로 죽어 있는 것입니다.

● 영적인 소통은 더 중요합니다. 사람이 하나님과 소통하지 않으면 영적으로 죽은 것입니다. 하나님과 사람이 소통하도록 막힌 담을 허신 분이 예수님이십니다(엡 2:14).

● 내가 직접 소통할 수 없으면 중보자를 통해서라도 도움을 받아야 합니다. "하나님과 사람 사이에 중보자도 한 분이시니 곧 사람이신 그리스도 예수라."(딤전 2:5)

【명언】
● 인간은 입이 하나 귀가 둘이 있다. 이는 말하기보다 듣기를 두 배 더하라는 뜻이다. (탈무드)
● Humans have two ears, one mouth. This means you should listen twofold more than speak. (Talmud)

【묵상】 소통이 되지 않을 때 어떤 느낌이 듭니까?

소통이 안 되는 이유

● 닫힌 마음 때문입니다. 마음 문을 걸어 잠그면 소통은 어렵습니다. 마음을 열어야 합니다. "자녀에게 말하듯 하노니 보답하는 것으로 너희도 마음을 넓히라."(고후 6:13)

● 짧은 생각 때문입니다. 미처 생각지 못한 것 때문에 오해가 있을 수 있습니다. 깊은 생각이 필요합니다. "내가 그를 책망하여 말할 때마다 깊이 생각하노라."(렘 31:20)

● 편견과 독선 때문입니다. 상대를 무시하고 자기만이 옳다는 아집과 이기심이 불통의 원인이 됩니다. "오직 겸손한 마음으로 각각 자기보다 남을 낫게 여기고"(빌 2:3)

● 인지와 해석의 오류 때문입니다. 인지 능력이 떨어지거나 상대방의 말에 대해 잘못된 해석을 하게 되면 소통에 문제가 생깁니다. 들을 귀가 있어야 합니다(눅 14:35).

● 죄의 장벽 때문이기도 합니다. 둘 사이에 죄가 끼어들게 되면 소통은 왜곡되고 단절이 되게 됩니다. 죄는 부모와 자녀, 형제자매 등 모든 관계를 파괴시키는 장본인입니다.

【명언】
● 나의 언어의 한계는 나의 세계의 한계를 말한다. (L. 비트켄슈타인)
● The limits of my language means the limits of my world. (Ludwig Wittgenstein)

【묵상】 소통이 되지 않는 이유는 무엇입니까?

예수님이 소통의 모델입니다.

● 소통을 위해 이 세상에 먼저 찾아오셨습니다. 상대방이 찾아오기만을 기다리면 소통하기가 어렵습니다. "인자가 온 것은 잃어 버린자를 찾아 구원하려 함이니라."(눅 19:10)

● 예수께서 인간의 모습으로 이 세상에 오신 것은 눈높이 소통을 하기 위한 목적이었습니다. "오히려 자기를 비워 종의 형체를 가지사 사람들과 같이 되셨고"(빌 2:7)

● 예수님은 신분고하를 구별하지 않으시고, 모든 사람들에게 수용적인 태도로 소통하셨습니다. "누구든지 주의 이름을 부르는 자는 구원을 받으리라."(롬 10:13)

● 대부분의 사람들은 다수의 의견을 따라 소통하고 소수를 무시하는 경향이 있습니다. 그러나 예수님은 잃어버린 한 영혼을 소중히 여기셨습니다(마 18:12).

● 예수님은 십자가의 사랑으로 소통하셨습니다. 예수님의 소통의 본질은 사랑이었습니다. "세상에 있는 자기 사람을 사랑하시되 끝까지 사랑하시니라."(요 13:1)

【명언】
● 금속은 소리로 그 재질을 알 수 있지만, 사람은 대화를 통해서 그 사람을 알 수 있다. (B. 그라시안)
● Although metal may know the material by its sound, people can see him through the conversation. (Baltasar Graciany)

【묵상】 나는 어떤 모습으로 소통하고 있습니까?

실수의 심리

정신분석의 기본 가정 가운데 하나는 정신결정론이다. 즉 사람의 마음에서 일어난 현상과 행동들은 모두 이유가 있다는 것으로, 우연한 행동은 없다는 것이다. 인간이 저지르는 조그만 실수에도 다 이유가 있기 때문에 분석할 만한 가치가 있다고 본다. 물론 실수를 하는 그 원인은 각 개인이 의식하지 못하는 경우가 대부분이며, 무의식에 대한 탐구가 없이는 이해할 수가 없다. 이처럼 실수는 심리적 행위이며, 두 가지 상반된 의도의 간섭으로 일어난다는 가설을 세웠다.

두 가지 상반된 의도라는 것은 억압하는 의도와 억압받는 의도이다. 억압받는 의도는 그 사람이 진실로 원하는 것, 또는 감추어진 본능과 욕구에 대한 것일 수 있다. 억압하는 의도는 그 사람이 드러내기를 꺼리는 의도를 감추려는 의도이다.

예를 들자면, 한 남자에 대한 호기심이나 애정을 갖고 있어도 드러내기 꺼릴 때에는 당연히 감추려는 의도가 앞선다. 하지만 이미 두 가지 상반된 의도가 충돌하기 때문에 긴장이 형성된다. 따라서 물 흐르듯 자연스러운 행위가 어려워져서 결국 실수를 범할 가능성이 높아진다. 이처럼 상반된 의도가 충돌할 때 실수의 가능성이 높아지는 것이다. 실수가 있어서는 안 되는 것으로 여겨지는 경향이 있지만 어느 면에서는 그 사람의 의도를 알 수 있는 중요한 단서가 된다. 의미가 뻔해서 눈에 쉽게 띄는 실수도 많지만, 그렇지 않은 경우는 더 많다. 자존감이 높은 사람들은 자신의 속마음이 묻어나는 실수를 하면서도 자신을 있는 그대로 사랑하는 법을 아는 사람들이다.

"내 형제들아 너희는 선생된 우리가 더 큰 심판을 받을 줄 알고 선생이 많이 되지 말라 우리가 다 실수가 많으니 만일 말에 실수가 없는 자라면 곧 온전한 사람이라 능히 온 몸도 굴레 씌우리라"(약 3:1-2)

실수가 없는 사람은 없다.

● 말의 실수가 있습니다. 한 번 내 뱉은 말은 주어 담지 못하므로, 조심해야 합니다. "우리가 다 실수가 많으니 만일 말에 실수가 없는 자라면 곧 온전한 사람이라."(약 3:2)

● 술로 인해 실수하는 경우가 많습니다. "제사장과 선지자도 독주로 말미암아 옆 걸음 치며 포도주에 빠지며 독주로 말미암아 비틀거리며 환상을 잘못 풀며 재판할 때에 실수하나니"(사 28:7)

● 판단의 실수를 할 때도 있습니다. 유혹을 당하거나, 편견에 사로잡히거나, 외모만 보게 될 때 잘못된 판단을 하게 됩니다. 하나님의 지혜가 필요한 이유입니다.

● 무지로 인한 실수도 있습니다. 비록 몰라서 실수를 했다고 해도 부끄러운 일을 당하게 됩니다. "만일 알았더라면 영광의 주를 십자가에 못 박지 아니하였으리라."(고전 2:8)

● 믿음의 조상 아브라함도 실수를 했습니다. 실수하지 않을 만큼 완벽한 인간은 이 세상에 없습니다. 그러기에 하나님의 도우심이 필요하며 영적으로 늘 깨어 있어야 합니다.

【명언】
● 한 번도 실수한 적이 없는 사람은 한 번도 새로운 것에 도전해 본 적이 없는 사람이다. (알버트 아인슈타인)
● Anyone who has never made a mistake has never tried anything new. (Albert Einstein)

【묵상】 어떻게 실수를 줄일 수 있을까요?

실수를 해도 감사할 이유

● 실수는 인간의 부족함을 느낄 수 있게 하므로 감사할 일입니다. 완벽한 사람은 겸손하거나 상대를 이해하기가 어렵습니다 "허물을 덮어 주는 자는 사랑을 구하는 자요."(잠 17:9)

● 실수를 통해 깨닫게 되므로 감사해야 합니다. 실수로 인해서 여러 가지 깨닫는 교훈들이 있습니다. "존귀하나 깨닫지 못하는 사람은 멸망하는 짐승 같도다."(시 49:20)

● 실수를 통해 더 좋은 결과에 이르게 될 때 감사하게 됩니다. "하나님을 사랑하는 자 곧 그의 뜻대로 부르심을 입은 자들에게는 모든 것이 합력하여 선을 이루느니라."(롬 8:28)

● 실수투성이를 받아주시는 하나님의 사랑에 감사해야 합니다. 사람들은 외면해도 하나님은 받아주십니다. "상한 갈대를 꺾지 아니하며 꺼져가는 등불을 끄지 아니하고"(사 42:3)

● 그러므로 실수가 다 나쁜 것만은 아닙니다. 감사할 일도 있는 것입니다. 실수하지 않는 것도 중요하지만, 실수를 통해 배우는 자세가 더 중요합니다. 실수는 기회입니다.

【명언】
● 나는 내 인생에서 실패에 실패를 거듭했다. 그런데 그것이 바로 내가 성공하는 이유이다. (미챌 죠단)
● I have failed over and over again in my life, and that is why I succeed. (Michael Jordan)

【묵상】 실수가 전화위복이 된 경우가 있습니까?

실수를 덮으시는 하나님

● 인간은 완전하지 못하기 때문에 종종 실수할 때가 있습니다. 실수를 통해서 배울 뿐 아니라, 상대를 이해하게 됩니다. 더 나아가 하나님의 은혜도 체험하게 됩니다.

● 하나님은 실수한 자를 위해 피할 길을 예비하십니다. "부지중에 실수로 사람을 죽인 자를 그리로 도망하게 하라 이는 너희를 위해 피의 보복자를 피할 곳이니라."(수 20:3)

● 하나님은 실수한 자를 긍휼히 여기십니다. "죄 없는 자가 먼저 돌로 치라."(요 8:7) 그러나 인간은 실수한 자를 그냥 놓아두지 않습니다. 때로 사람이 하나님보다 무서운 이유입니다.

● 실수를 돌이킬 때는 한없이 용서하십니다. "만일 하루에 일곱 번이라도 네게 죄를 짓고 일곱 번 네게 돌아와 내가 회개하노라 하거든 너는 용서하라."(눅 17:4)

● 함은 술 취한 아버지 노아의 실수를 드러냈지만, 예수는 자신을 부인한 베드로의 실수를 사랑으로 품어 주셨습니다. "사랑은 모든 허물을 가리느니라."(잠 10:12)

【명언】
● 살면서 저지를 수 있는 가장 큰 실수는 실수할까봐 끊임없이 걱정하는 것이다. (엘버트 허바드)
● The greatest mistake you can make in your life is to continually fearing that you will make one. (Elbert Hubbard)

【묵상】 실수한 자를 용서할 수 있습니까?

언어와 사고

생화학적인 관점에서 보면 사람은 다른 동물과 크게 다를 바가 없다. 사람이나 돼지나 몸은 약 3분의 2가 물이고, 나머지는 단백질, 지질, 탄수화물로 이루어져 있다. 그럼에도 불구하고 사람이 다른 동물과 구별되는 이유는 자신의 생각을 말로 표현할 수 있는 능력 때문이다. 이런 능력은 아이가 자라면서 저절로 습득된다. 한마디로 사람은 언어 본능을 갖고 태어나는 셈이다.

우리나라 사람들은 고양이 소리를 '야옹'이라고 말하는데, 영어권에서는

'mew(뮤)'라고 말한다. 그러면 동서양의 고양이는 서로 다른 소리를 내는 것일까? 아니면 소리는 같지만 듣는 사람이 다른 소리로 지각하는 것일까? 또는 같은 소리로 들리지만 언어 자체가 다른 표현을 하게 하는가? 이런 궁금증이 언어와 사고의 관계에 관한 물음이다.

미국의 언어학자인 노엄 촘스키는 언어와 사고가 서로 독립적이라고 주장했고, 스위스의 동물행동학자인 장 피아제는 사고가 언어를 선행한다고 말했다. 구소련의 심리학자인 레프 비고츠키는 처음에는 둘이 독립적이지만 발달과정에서 점차 상호작용을 한다고 생각했다. 그러나 무엇보다 언어와 사고에 대한 충격적인 명제는 미국의 언어학자 벤자민 워프와 에드워드 샤피어가 주장한 "언어가 사고를 결정한다."는 언어 결정론이다. 이들은 언어가 사고를 결정하며, 언어가 다르면 사고도 달라진다는 언어 상대성 가설을 주장했다. 이 가설을 확장하면 언어가 없으면 사고도 없다는 추론도 가능하다.

● 언어의 힘 과학으로 파헤치다. 과학동아 디지털 편집부

"하나님이 이르시되 빛이 있으라 하시니 빛이 있었고 빛이 하나님이 보시기에 좋았더라 하나님이 빛과 어둠을 나누사 하나님이 빛을 낮이라 부르시고 어둠을 밤이라 부르시니라 저녁이 되고 아침이 되니 이는 첫째 날이니라"(창 1:3-5)

말은 능력입니다.

● 말 한 마디로 웃기기도 하고, 울게 하기도 하며, 심지어 화를 내게 할 수 있습니다. "죽고 사는 것이 혀의 힘에 달렸나니 혀를 쓰기 좋아하는 자는 혀의 열매를 먹으리라."(잠 18:21)

● 하나님의 말씀은 창조의 능력이 있습니다. 태초에 하나님이 말씀으로 이 세상을 창조하셨습니다. "하나님이 이르시되 빛이 있으라 하시니 빛이 있었고"(창 1:3)

● 예수님의 말씀은 파괴의 능력이 있습니다. 예수님께서 열매가 없고 잎 사귀만 무성한 무화과나무를 저주했을 때에, 그 말씀 한 마디에 나무는 뿌리까지 말라 버렸습니다(막 11:12-21).

● 하나님의 형상을 따라 창조된 사람의 말에도 능력이 있습니다. 칭찬은 고래도 춤을 추게 하지만, 저주의 말을 들은 식물은 칭찬받은 식물보다 더 쉽게 시들어 버립니다.

● 말 한마디가 운명을 결정합니다. "사람이 무슨 무익한 말을 하든지 심판 날에 이에 대하여 심문을 받으리니 네 말로 의롭다 함을 받고 네 말로 정죄함을 받으리라"(마12:36-37)

【명언】
● 새로운 언어를 하게 될 때마다 새로운 인생을 산다. 한 언어만 할 줄 안다면 하나의 인생을 사는 것이다. (크레취 속담)
● You live a new life for every new language you speak. If you know only one language, you live only once. (Czech proverb)

【묵상】 말의 힘을 실감한 적이 있습니까?

말한 대로 거둡니다.

● 인생은 어떤 말의 씨앗을 뿌렸느냐에 따라서 그 열매를 거두게 됩니다. "이것이 곧 적게 심는 자는 적게 거두고 많이 심는 자는 많이 거둔다 하는 말이로다."(고후 9:6)

● 선한 말의 씨앗을 뿌려야 합니다. "더러운 말은 너희 입 밖에도 내지 말고 오직 덕을 세우는 데 소용되는 대로 선한 말을 하여 듣는 자들에게 은혜를 끼치게 하라."(엡 4:29)

● 때에 맞는 말을 하게 되면, 기쁨을 얻게 하는 결과를 가져옵니다. "사람은 그 입의 대답으로 말미암아 기쁨을 얻나니 때에 맞는 말이 얼마나 아름다운고?"(잠 15:23)

● 부드러운 말의 씨앗을 뿌리는 결과와 과격한 말의 씨앗을 뿌리는 결과가 다릅니다. "유순한 대답은 분노를 쉬게 하여도 과격한 말은 노를 격동하느니라."(잠 15:1)

● 어떤 말의 씨앗을 뿌릴 것인가는 최종적으로 나의 선택입니다. "악인의 말은 사람을 엿보다 피를 흘리자 하는 것이거니와 정직한 자의 입은 사람을 구원하느니라."(잠 12:6)

【명언】
● 욕설보다 더 나쁜 말들이 있습니다. 바로 상처를 주는 말입니다. (틸리 올슨)
● There are worse words than cuss words; there are words that hurt. (Tillie Olsen)

【묵상】 말한 대로 거둔 경험이 있습니까?

말 실수가 없게 하소서

● 말의 실수로 곤욕을 치르는 경우가 종종 있습니다. 그러므로 말하기 전에 신중하게 생각하고 말해야 합니다. "물고기는 언제나 입으로 낚인다. 인간도 역시 입으로 걸린다."(탈무드)

● 생각 없이 내 뱉은 말이 큰 상처를 줄 뿐만 아니라 그것은 결국 나에게 돌아옵니다. "네 입의 말로 네가 얽혔으며 네 입의 말로 인하여 잡히게 되었느니라."(잠 6:2)

● 삼사일언(三思一言)은 한 마디 말을 하기 전에 세 번 생각하라는 말입니다. 신중하게 말하는 것이 지혜입니다. "경우에 합당한 말은 아로새긴 은 쟁반에 금 사과니라."(잠 25:11)

● 말에 실수를 하지 않는 사람이 온전한 사람입니다. "우리가 다 실수가 많으니 만일 말에 실수가 없는 자라면 곧 온전한 사람이라 능히 온 몸도 굴레 씌우리라."(약 3:2)

● 원만한 대인관계를 하려면, 상대방을 자극하는 말을 그치고 입술의 파수꾼을 세워야 합니다. "구부러진 말을 네 입에서 버리며 비뚤어진 말을 네 입술에서 멀리 하라."(잠 4:24)

【명언】
● 언어를 바꾸라 그러면 당신은 생각도 바꿀 것이다. (칼 알베르트)
● Change your language and you change your thoughts. (Karl Albrecht)

【묵상】 말실수로 힘들었던 적은 없습니까?

인지심리

인간의 삶의 많은 부분은 마음의 작용에 의하여 이루어진다. 우리는 감각기관을 통하여 들어오는 각종 환경자극을 인식하고, 그것과 일상생활의 사건들을 기억하며, 언어를 말하거나 쓰며 또 이해하기도 한다. 또한 여러 상황에서 각종 사고(思考)를 하여 문제를 해결해 나가면서 고도의 기술도 수행한다. 이러한 모든 것은 마음의 작용에 의해서 이루어진다. 그런 면에서 인지심리학이란 "인간의 마음이 어떻게 작용하는가?"를 연구하는 학문이다. 즉, 인지심리학이란 인간의 마음이 어떻게 환경과 자신에 대한 앎, 지식을 갖게 되는가, 그러한 지식을 어떻게 활용하여 생활 장면에서 직면하는 각종의 과제들을 수행해 내는가 하는 문제를 다루는 심리학의 한 분야이다.

인지(cognition)란 어떤 대상을 인식, 주의, 기억, 학습, 언어사용, 생각, 느낌 등으로 문제를 해결하고 숙련된 행위를 통해 알아가는 것이다. 때로는 인식으로 번역되며, 사물을 알아보고, 그것을 기억하며 추리해서 결론을 얻어내고, 그로인해 생긴 문제를 해결하는 등의 정신적인 과정이다.

인지심리학은 고장 난 차를 어떻게 수리하는가에 대한 전문화된 지식뿐 아니라 어떻게 단어의 의미를 이해하는가? 어떻게 친구의 얼굴을 알아볼 수 있는가 등과 같은 보편적 지식에도 관심을 갖는다. 1920년대 이후 관찰 가능한 행동을 다루려는 행동주의 발달에 따라 정신적인 현상에 대한 관심은 무시되어 왔다. 그러나 1950년대로 접어들어 정보 개념이 도입되고, 통신공학, 정보처리공학, 언어학 등이 발달하면서 마음의 내부 구조와 과정을 직접 논하려는 인지심리학이 대두되었다.

"내게 주신 은혜로 말미암아 너희 각 사람에게 말하노니 마땅히 생각할 그 이상의 생각을 품지 말고 오직 하나님께서 각 사람에게 나누어 주신 믿음의 분량대로 지혜롭게 생각하라"(롬 12:3)

생각의 능력

● 성공한 사람은 성공할 수밖에 없는 생각으로 가득 차 있고, 실패한 사람은 실패할 수밖에 없는 생각으로 가득 차 있습니다. 또한 생각은 말과 감정과 행동에 중요한 영향을 미칩니다.

● 생각은 우리의 언어생활에 영향을 미칩니다. "독사의 자식들아 너희는 악하니 어떻게 선한 말을 할 수 있느냐 이는 마음에 가득한 것을 입으로 말함이니라."(마 12:34)

● 생각은 우리의 감정에도 영향을 미칩니다. 우울증에 걸린 사람의 대부분은 자신과 타인과 미래에 대해서 부정적인 생각으로 가득 차 있습니다. 반면 낙관주의자는 매사에 긍정적으로 생각합니다.

● 생각은 행동뿐만 아니라 한 사람의 운명을 결정짓는 강력한 요인이 되기도 합니다. 영생의 문제도 결국 생각에서 비롯됩니다. "육신의 생각은 사망이요, 영의 생각은 생명과 평안이니라."(롬 8:6)

● 결과적으로 행복한 사람은 행복한 생각에, 불행한 사람은 불행할 수밖에 없는 생각에 붙잡힌 자입니다. 긍정적인 사람은 긍정적인 생각을, 부정적인 사람은 부정적인 생각을 하는 사람입니다.

【명언】
● 세상 모든 일은 여러분이 무엇을 생각하느냐에 따라 일어납니다. (오프라 윈프리)
● Everything in your world is created by what you think. (Oprah Winfrey)

【묵상】 내 생각의 능력은 어느 정도입니까?

악한 생각이 떠오를 때

● 하루에도 수없이 많은 생각들이 내 의지와 관계없이 떠올랐다가 사라지곤 합니다. 좋은 생각이든지 나쁜 생각이든지 떠오르는 생각을 근본적으로 막기는 어렵습니다.

● 문제는 내가 어떤 생각에 더 귀를 기울이고 집중하느냐 하는 것입니다. 어떤 생각이 내 마음에 둥지를 틀수 있도록 할 것인지는 내가 결정을 하는 것입니다.

● 선한 생각을 붙잡을 것인지, 악한 생각을 붙잡을 것인지는 내가 선택해야 할 몫입니다. "모든 지킬 만한 것 중에 더욱 네 마음을 지키라 생명의 근원이 이에서 남이니라."(잠 4:23)

● 마음을 지킨다는 것은 악한 생각이 떠오를 때에 그런 생각이 내 마음 속에 자리를 잡지 못하도록 내어 쫓는 것이며, 좋은 생각이 떠오를 때에 그것을 붙잡는 것입니다.

● 우리의 마음을 지킬 수 있는 중요한 영적인 무기는 말씀과 기도로 무장하여 영적으로 깨어 있는 것입니다. "하나님의 말씀과 기도로 거룩하여짐이라."(딤전 4:5)

【명언】
● 생각하는 건 쉽다. 행동하는 건 어렵다. 생각하는 대로 행동하는 것은 그 중에서 가장 어렵다. (J. W. 괴테)
● To think is easy. To act is difficult. To act as one thinks is the most difficult of all. (Johann Wolfgang de Geothe)

【묵상】 악한 생각이 떠오를 때 어떻게 합니까?

날마다 생각해야할 일

● 하나님과 그의 하신 일을 날마다 깊이 묵상하는 자에게 하나님은 은혜를 주십니다. "모든 사람이 두려워하여 하나님의 일을 선포하며 그의 행하심을 깊이 생각하리로다."(시편 64:9)

● 땅의 것이 아니라 위의 것을 생각해야 합니다. 어디를 보고 무엇을 생각하느냐에 따라 인생이 달라지기 때문입니다. "위의 것을 생각하고 땅의 것을 생각하지 말라."(골 3:2)

● 우리는 종종 옛적 일을 생각할 필요가 있습니다. 특히 받은 바 은혜를 기억해야 합니다. "전날에 너희가 빛을 받은 후에 고난의 큰 싸움을 견디어 낸 것을 생각하라."(히 10:32)

● 말씀을 묵상해야 합니다. "복 있는 사람은 악인의 꾀를 따르지 아니하며 죄인들의 길에 서지 아니하며 오만한 자들의 자리에 앉지 아니하고 오직 여호와의 율법을 주야로 묵상하는도다."(시 1:1-2)

● 인간의 행복은 날마다 무엇을 생각하며 사느냐에 달려 있습니다. 육신의 생각은 사망에 이르게 하지만, 영의 생각은 생명에 이르게 합니다(롬 8:6). 생각은 행복에 이르게 하는 출발점입니다.

【명언】
● 당신의 생각을 바꾸라. 그러면 당신의 인생이 바뀌어질 것이다. (노만 빈센트 필)
● Change your thoughts, and you change your world. (Norman Vincent Peale.)

【묵상】 요즘 무슨 생각에 매여 있습니까?

자기분석

　카렌 호나이는 신경증적 경향을 알기 위해서는 인격 전체에 대한 철저한 자기이해가 필요하다고 했다. 자기이해는 자기분석을 통해서 가능하며, 이러한 노력은 자아실현의 기회를 가져다준다. 자기분석은 자아실현을 하지 못하도록 억제당하고 있는 어떤 특수한 재능의 계발만을 의미하는 것은 아니며, 더욱 중요한 것은 한 인간이 지닌 모든 잠재력을 계발하여 강하고 온전한 인간이 되며, 모든 강박관념에서 벗어나서 자유로워지는 것이다.

　자기분석을 위한 프로이드의 목표는 "~으로부터의 자유"의 성취라는 부정적 자세에 한정되어 있다. 그러나 호나이는 분석의 목표에 대해서 긍정적 자세를 가졌다. 즉 그는 내적 속박을 받고 있는 사람들에게 자유를 되돌려줌으로써 그의 잠재능력을 최대한 발전시킬 수 있도록 하고자 했다. 프로이드는 꿈과 자유연상 및 최면을 통해서 환자의 무의식을 분석하여 그의 의식을 이해하고자 했다.

신경증적인 사람들은 자신의 세계와 상당한 부분에서 거리가 있고, 자신의 세계의 어떤 부분들을 보지 않으려는 강박적 세력에 이끌린다. 신경증적인 사람들은 자신과의 친밀감 때문에 몇 가지 매우 중요한 요인들을 문제가 전혀 없는 것으로 생각할 위험성이 있다. 그러므로 이러한 저항의 요인들을 극복하면서 자신을 분석하고 통찰할 때에 참된 자아에 이르게 된다.

● 자기분석, 카렌 호나이

"너희 몸이 그리스도의 지체인 줄을 알지 못하느냐 내가 그리스도의 지체를 가지고 창녀의 지체를 만들겠느냐 결코 그럴 수 없느니라 창녀와 합하는 자는 그와 한 몸인 줄을 알지 못하느냐"(고전 6:15-16)

나를 얼마나 아십니까?

● 내가 화를 내는 이유를 아십니까? 분노의 근본 원인을 알면 조절 할 수가 있습니다. "미련한 자는 당장 분노를 나타내거니와 슬기로운 자는 수욕을 참느니라."(잠 12:16)

● 내가 불안해지는 이유를 아십니까? 주님을 향한 믿음이 있어도 불안한 이유를 알아야 합니다. "내가 피곤하고 심히 상하였으매 마음이 불안하여 신음하나이다."(시 38:8)

● 내가 우울해지는 이유를 아십니까? 항상 기뻐하라는 말씀대로 순종하려고 해도 잘 안 되는 이유를 알아야 합니다. "항상 기뻐하라 내가 다시 말하노니 기뻐하라."(빌 4:4)

● 내가 항상 부정적인 이유를 아십니까? 불신이 쌓이게 되면 대인관계가 원만해 질 수 없습니다. "나는 화평을 원할지라도 내가 말할 때에 그들은 싸우려 하는도다."(시 120:7)

● 이러한 것에 답을 못한다면 자신을 잘 모르는 것입니다. 신학적 자기 이해와 심리학적 자기 이해가 필요합니다. 자신을 아는 것은 하나님을 아는 것만큼 중요합니다.

【명언】
● 지금의 나와 다른 내가 되고 싶다면, 지금의 나에 대해서 알아야 한다. (에릭 호퍼)
● To become different from what we are, we must have some awareness of what we are. (Erick Hopher)

【묵상】 내 생각과 감정을 어느 정도 알고 계십니까?

내가 알아야 할 자기

● 나의 욕구를 알아야 합니다. 생리적, 심리적, 영적 욕구와 자신의 소망을 알아야 합니다. "네게 무엇을 하여 주기를 원하느냐 이르되 주여 보기를 원하나이다."(눅 18:41)

● 나의 감정을 알아야 합니다. 수시로 바뀌는 내 감정의 흐름을 인식해야 합니다. "내가 내 앞에 보내는 예물로 형의 감정을 푼 후에 대면하면 형이 혹시 나를 받아 주리라 함이었더라."(창 32:20)

● 나의 가치관이나 신념을 분명하게 알아야 합니다. 자신의 비합리적 신념이나 가치관을 깨닫는 것도 자기 이해입니다. "예수께서 이르시되 너희도 이렇게 깨달음이 없느냐?"(막 7:18)

● 나의 상처를 알아야 합니다. 상처를 통찰하고 치유 받아야 심리적, 영적으로도 건강합니다. "여호와께서.. 상심한 자들을 고치시며 그들의 상처를 싸매시는도다."(시 147:2-3)

● 자기 성찰과 심리검사 또한 타인의 피드백을 통해 나의 모습을 알아갈 수 있습니다. 그러나 진정한 나의 모습은 성경이라는 거울에 비추어 볼 때에 바로 알게 됩니다.

【명언】
● 사람들은 세상을 변화시키려고 생각을 하지만, 자신을 변화시키려는 생각은 하지는 않는다. (톨스토이)
● Everyone thinks of changing the world, but no one thinks of changing himself. (Leo Tolstoy)

【묵상】 지금 나의 욕구는 무엇입니까?

자기분석이 필요한 이유

● 자기분석은 자기 이해를 위한 필수과정입니다. 비합리적 신념과 상처와 감정을 아는 것도 필요합니다. "너 자신을 알라."(소크라테스) 신학적, 철학적, 심리학적 자기이해가 필요합니다.

● 타인을 이해할 수 있습니다. 자기 이해를 할 수 있어야 타인을 이해할 수 있습니다. 자신을 사랑할 줄 아는 사람이 타인을 사랑할 줄 아는 이치와 같은 것입니다.

● 의사소통을 잘 하게 됩니다. 자신과 타인의 이해는 의사소통의 지름길입니다. "예수께서 그 생각을 아시고 대답하여 이르시되 너희 마음에 무슨 생각을 하느냐?"(눅 5:22)

● 대인관계를 잘 하게 됩니다. 의사소통을 잘 하면 화평케 하는 자가 됩니다. "화평하게 하는 자는 복이 있나니 그들이 하나님의 아들이라 일컬음을 받을 것임이요."(마 5:9)

● 하나님의 형상을 따라 지음 받은 내가 예수의 보혈로 구원받은 자라는 신학적 자기이해와 내 자신의 욕구와 감정이 무엇인지를 아는 심리학적 자기이해도 할 수 있어야 합니다.

【명언】
● 모든 사람에게 있어서 가장 중요하고 필수적인 연구 대상은 바로 자기 자신이다. (톨스토이)
● In everyone, the most important and essential study is just himself. (Tolstoy)

【묵상】 자신을 이해하려면 어떻게 해야 할까요?

장소심리학

인간의 모든 경험, 정서, 감정은 자신의 추억 속에 장소와 단단히 연결되어 있다. 나의 생각, 즐거움, 감정, 등은 장소에 따라 달라진다. 인간은 자신이 살고 있는 장소와 일과 물건과 밀접한 관계를 맺고 있다. 즉 장소는 세계와의 연결이며, 지금까지 살아온 모든 장소는 거대한 창고에 박힌 못들과 같은 것으로 그곳에 우리의 추억이 걸려 있는 것이다. 그 장소들은 우리가 여러 가지 감정을 느끼며 살아온 마음의 상태를 상징한다.

인간은 어떤 장소와 관련된 특별한 경험 때문에 남보다 자신에게 더욱 의미를 부여하는 장소들을 가지고 있다. 과거에 지냈던 그 어느 장소에서 느꼈던 감정이 우리의 꿈속에 나타나기도 한다. 꿈의 배경은 그 배경 속에서 일어나는 행위만큼이나 중요한다. 꿈은 우리의 현재 감정을 우리에게 드러내기 위해 과거의 장소들을 이용한다. 노래를 불렀던 곳과 울었던 곳, 위협을 느꼈던 곳, 마음의 상처를 받았던 곳과 위로를 얻었던 곳, 이 모든 곳을 우리의 마음속에 간직하고 있다.

한 사람을 이해하려면 그가 장소와 관련된 어떤 추억이 있는가를 아는 것이 중요하다. 유명한 사람이 태어났던 집을 방문하는 것도 바로 그런 이유이다. 또한 인간은 장소의 영향을 받기 때문에 내가 있어야 할 장소를 선택하는 것도 역시 중요한 일이다. 사람은 장소가 필요하며, 자신을 그 장소에 종속시킬 필요가 있다. 그런 사람이 큰 일을 할 수 있기 때문이다.

● 인간 장소의 심리학, 폴 투르니어

"그들이 그 날 바람이 불 때 동산에 거니시는 여호와 하나님의 소리를 듣고 아담과 그의 아내가 여호와 하나님의 낯을 피하여 동산 나무 사이에 숨은지라 여호와 하나님이 아담을 부르시며 그에게 이르시되 네가 어디 있느냐"(창 3:8-9)

있어야 될 자리

● 세상 모든 만물은 그것이 있어야 할 위치가 있습니다. 만약 인간이 자신이 있어야 할 자리보다 높은 곳에 있으면 분수를 모르는 어리석고 교만한 사람이라고 할 수 있습니다.

● 자신의 위치와 분수를 모르고 상석에 앉으면 부끄러움을 당할 수 있습니다. "이 사람에게 자리를 내어 주라 하리니 그 때에 네가 부끄러워 말석으로 가게 되리라."(눅 14:9)

● 반면에 자신이 있어야 할 곳을 알고 낮아지면 오히려 하나님이 높여 주십니다. "무릇 자기를 높이는 자는 낮아지고 자기를 낮추는 자는 높아지리라."(눅 14:11)

● 식물은 땅에 뿌리를 박고 있을 때 열매를 맺고, 물고기는 물에 있을 때에 생명을 유지하듯이 사람도 자신이 마땅히 있어야 할 자리에 있을 때 행복합니다.

● 인간의 불행은 자신이 있어야 할 자리를 떠나 하나님처럼 높아지려고 했기 때문입니다. "무릇 자기를 높이는 자는 낮아지고 자기를 낮추는 자는 높아지리라"(눅 14:11)

【명언】
● 서로 사귈 때에는 아무리 친해도 분수를 넘지 말아야 한다. (W. 세익스피어)
● It should not exceed the degree to keep even when make friends with each other. (William Shakespeare)

【묵상】 내가 있어야 할 자리는 어디입니까?

장소가 중요합니다.

● 사람은 어떤 장소에 있느냐에 따라 생각과 감정에 영향을 받습니다. 어두운 곳에 있으면 음침한 생각이 나고, 밝은 곳에서는 밝은 생각을 하게 됩니다. 환경의 영향을 무시할 수 없습니다.

● 교회에 가면 경건한 생각이 들고, 도서관에 가면 공부할 생각이 나고, 집을 떠나 여행을 하면 잠시 집안일을 잊어버리는 것도 장소의 영향 때문입니다. 장소에 따라 마음이 바뀌기도 합니다.

● 맹자 모친이 아들 교육을 위해 공동묘지 근처에서 시장주변으로 이사를 했다가, 다시 서당 근처로 이사를 한 것은 아들이 장소의 영향으로 행동이 달라졌기 때문이었습니다.

● 이처럼 인간은 장소의 영향을 받을 수밖에 없는 존재입니다. 그러므로 우리는 좋은 생각, 밝은 생각, 거룩한 생각을 할 수 있는 그런 장소에 있으려는 노력을 해야 합니다.

● 특히 하나님의 백성은 거룩한 장소를 사모해야 합니다. 죄를 지을만한 곳을 의도적으로 피해야 합니다. "네 길을 그에게서 멀리 하라 그의 집 문에도 가까이 가지 말라."(잠 5:8)

【명언】
● 지금 당신이 서 있는 곳은 당신의 생각이 이끌어준 곳이다. (제임스 앨런)
● You are today where your thoughts. (James Allen)

【묵상】 어떤 장소가 가장 편안합니까?

나는 어디에 있는가?

● 고려대 강병화 교수가 17년간 혼자 전국을 돌아다니며 채집 한 야생 들풀 4,439종의 씨앗을 모아 '토종풀 종자은행'을 세웠다는 기사를 신문에서 본 적이 있습니다.

● 그 분이 이런 말씀을 했습니다. "엄밀하게 보면 잡초는 없다. 밀밭에 벼가 나면 그것이 잡초고, 보리밭에 밀이 나면 그것이 또한 잡초이다. 어느 곳에 있느냐에 따라 달라진다."

● 때로 귀한 식물이 잡초 취급을 당하며 뽑히게 되는 것은 있어야 할 곳에 있지 않기 때문입니다. 잡초 취급을 당하지 않으려면 엉뚱한 곳에 있지 말아야합니다.

● 사실 이 땅에 잡초와 같은 인생은 한 사람도 없습니다. 그러나 있어야 할 곳에 있지 않으면 잡초 인생 취급을 받는 것입니다. 지금 나는 어디에 있습니까?

● 하나님은 말씀에 불순종하여 숨어 있던 아담에게 그가 어디에 있는지 물으셨습니다(창 3:9). 그 하나님은 지금도 하나님의 자녀인 내가 어떤 곳에 있는지 묻고 계십니다.

【명언】
● 여호와 하나님이 아담을 부르시며 그에게 이르시되 "네가 어디에 있느냐? (하나님, 창 3:9)
● But the LORD God called to the man, "Where are you?" (God, Genesis 3:9)

【묵상】 내가 이곳에 있는 이유를 아십니까?

칭찬의 심리

로젠탈 효과란 타인의 기대에 따라 능률이 오르거나 결과가 좋아지는 현상을 말한다. 로젠탈 박사는 쥐의 실험에서 연구원에게 한 조의 쥐는 지능이 높은 쥐이니 훈련을 잘 시켜달라고 부탁하였고, 한 조의 쥐는 평범한 실험용 쥐라고 했다. 두 연구원은 쥐에게 미로 찾기 훈련을 시켰다. 훈련 결과 지능이 높은 쥐라고 일러주었던 쥐가 다른 쥐에 비해 벽에 부딪히는 횟수가 적고 먹이도 빨리 찾았다. 이 실험 결과를 두고 로젠탈 박사는 "무작위로 뽑은 쥐들이기 때문에 지능에는 차이가 없었습니다. 다만 훈련자가 우수하다는 기대를 함으로써 쥐를 대하는 느낌과 훈련방법을 달리 했기 때문에 더 좋은 결과가 나온 것입니다."라고 하였다.

그는 이를 교육 현장에도 적용했다. 초등학생을 대상으로 지능검사를 한 후 무작위로 한 반에서 20% 정도의 학생을 뽑았다. 그 후 그 학생들의 명단을 교사에게 주면서 '지적 능력이나 학업성취의 향상 가능성이 높은 학생들'이라고 말했다. 8개월 후 이전과 같은 지능검사를 다시 실시하였는데, 그 결과 명단에 속한 학생들은 다른 학생들보다 평균 점수가 높게 나왔고, 학교 성적도 크게 향상되었다. 명단에 오른 학생들에 대한 교사의 기대와 격려가 중요한 요인이었다. 그는 또 다른 실험에서 한 그룹의 아이들에게는 인정과 칭찬의 언어를, 한 그룹의 아이들에게는 비관적이며 무시하는 언어를 사용하게 했다. 실험 결과에 의하면 칭찬을 받았던 아이들이 그렇지 못한 아이들에 비해 어휘 능력과 지적 능력이 훨씬 향상된 것으로 나타났다.

"타인이 너를 칭찬하게 하고 네 입으로는 하지 말며 외인이 너를 칭찬하게 하고 네 입술로는 하지 말지니라"(잠 27:2) "요나단이 그의 아버지 사울에게 다윗을 칭찬하여 이르되 원하건대 왕은 신하 다윗에게 범죄하지 마옵소서"(삼상 19:4)

칭찬의 능력을 아십니까?

● 칭찬은 마음 문을 열게 합니다. 나다나엘은 예수님으로부터 "네 속에 간사한 것이 없도다."(요 1:47)라는 칭찬을 받은 후 결국 예수님을 따르게 되었습니다.

● 칭찬은 자신감을 갖게 합니다. 고래도 춤을 추게 하고, 식물도 더욱 잘 자라게 하며, 사람에게는 자신감을 갖고 새로운 것에 도전하게 만드는 능력이 있습니다.

● 칭찬은 대인관계의 윤활유가 됩니다. 칭찬은 모든 사람과 잘 지내게 만드는 특별한 기술입니다. "할 수 있거든 너희로서는 모든 사람과 더불어 화목하라."(롬 12:18)

● 칭찬은 인정의 욕구를 충족시켜 줍니다. 인간은 누구에게나 인정받고 싶은 욕구가 있습니다. "이 사람은 복음으로써 모든 교회에서 칭찬을 받는 자요."(고후 8:18)

● 칭찬은 행동을 강화하기 때문에 더 큰일을 하게 만듭니다. "잘 하였도다 착하고 충성된 종아 네가 적은 일에 충성하였으매 내가 많은 것을 네게 맡기리니"(마 25:21)

【명언】
● 사람들은 당신에게 비평을 해 달라고 요구하지만, 그들이 정작 듣기 원하는 것은 칭찬이다. (써머셋 마흠)
● People ask you for criticism, but they only want praise. (Somerset Maugham)

【묵상】 칭찬을 받을 때 어떤 느낌이 듭니까?

칭찬을 잘 하는 사람

● 평소에 칭찬을 충분히 받아본 사람이 칭찬을 잘 할 수 있습니다. 칭찬을 거의 받아본 경험이 없는 사람일수록 칭찬에 어색해 하고 칭찬하는 것에도 인색합니다.

● 한 영혼을 진정으로 사랑하는 사람이 칭찬하게 됩니다. "요나단이 그의 아버지 사울에게 다윗을 칭찬하여 이르되 원하건대 왕은 신하 다윗에게 범죄하지 마옵소서."(삼상 19:4)

● 마음이 건강하고 자존감이 높을수록 칭찬을 잘 합니다. 반면에 마음이 좁고 열등감이 강할수록 칭찬에 인색합니다. "너희도 마음을 넓히라."(고후 6:13)

● 칭찬의 능력을 아는 자가 칭찬을 잘 합니다. 칭찬은 사람의 마음을 열게 하고, 관계를 원활하게 하며, 자신감을 가지고 뭔가를 할 수 있게 하는 능력이 있습니다.

● 긍정적인 사람이 칭찬을 잘 합니다. 매사에 부정적인 사람은 칭찬할 것이 보이지 않기 때문입니다. "형제들아 무엇에든지 사랑받을 만하며 무엇에든지 칭찬 받을 만하며"(빌 4:8)

【명언】
● 남들로부터 칭찬을 바란다면, 자기의 좋은 점을 늘어 놓지 말라. (B. 파스칼)
● If you want praise from others, do not say your own good points. (Blaise Pascal)

【묵상】 나는 어떤 식으로 칭찬을 합니까?

누구의 칭찬을 원합니까?

● 부모의 칭찬은 절대적입니다. 부모로부터 충분한 칭찬을 받으면서 성장한 사람이 심리적으로 건강하고 칭찬을 잘 하게 됩니다. 부모의 칭찬이 보약입니다.

● 배우자의 칭찬도 아주 중요합니다. 서로 칭찬하는 부부가 행복합니다. "시집 간 자는 세상일을 염려하여 어찌하여야 남편을 기쁘게 할까 하느니라."(고전 7:34)

● 상급자의 칭찬도 필요합니다. 인정의 욕구를 충족시키게 만듭니다. "그리스도를 섬기는 자는 하나님을 기쁘시게 하며 사람에게도 칭찬을 받느니라."(롬 14:18)

● 이웃의 칭찬도 무시할 수 없습니다. 타인 칭찬을 받는 자가 큰 일을 할 수 있습니다. "너희 가운데서 성령과 지혜가 충만하여 칭찬 받는 사람 일곱을 택하라."(행 6:3)

● 때가 되면 주어질 주님의 칭찬이 최고입니다. "그가 어둠에 감추인 것들을 드러내고 마음의 뜻을 나타내시리니 그 때에 각 사람에게 하나님으로부터 칭찬이 있으리라."(고전 4:5)

【명언】
● 남에게 자기를 칭찬하게 하고, 자기 입으로 자기를 칭찬하지 말라. (탈무드)
● Let another praise you, and not your own mouth. (Talmud)

【묵상】 내가 기억하는 최고의 칭찬은 무엇입니까?

편견의 심리

    심리학자들에 의하면 편견이란 잘못되고 불완전한 정보에서 나온 일반화에 근거를 두고, 어떤 특정한 집단에 대해 증오심이나 부정적 태도를 갖는 것으로 정의한다. 편견의 본질은 편견을 뒷받침하기 위해 사실을 왜곡하고 고정관념과 상이한 정보는 거부하는 것이다. 심리학자들이 편견을 심리 내적 과정에 초점을 맞추어 온 반면에, 사회학자들은 집단에 근거한 편견의 기능을 강조해 왔다.

    편견은 인지적, 정의적, 행동적 차원의 복합물인데, 올포트(Allport)는 인간이 편견에 따라 행동하는 다섯 단계 혹은 수준을 제시했다. 첫째, 가장 온화한 형태의 편견이라고 할 수 있는 편파적인 발언으로써 적대감의 통제된 표현이다. 둘째, 회피로써 특정 집단 사람을 피하기 위해 의식적인 노력을 기울이는 것이다. 셋째, 차별로써 특정 집단 성원의 출입이나 바람직한 활동에 대한 참여를 거부하거나 배척함으로써 보다 적극적인 조치를 취하는 것이다. 넷째, 신체적 공격으로써 재산의 파괴나 실제적인 대결상태를 의미한다. 끝으로 근절로써 나치 유대인 대학살에서 볼 수 있는 바와 같이 체계적, 계획적으로 특정 인종이나 민족을 제거하는 것이다.

편견에서 벗어날 수 있는 가능성은 다음과 같다. 첫째, 나의 입장이 틀릴 수도 있음을 인정한다. 두 번째, 서로의 차이를 인정한다. 셋째, 잘한 것이 있으면, 잘 한 대로, 못한 것이 있으면 못한 대로 상대방을 있는 그대로 인정하는 것이다.

"하늘이여 들으라 땅이여 귀를 기울이라 여호와께서 말씀하시기를 내가 자식을 양육하였거늘 그들이 나를 거역하였도다 소는 그 임자를 알고 나귀는 그 주인의 구유를 알건마는 이스라엘은 알지 못하고 나의 백성은 깨닫지 못하는도다"(사 1:2-3)

나의 눈을 열어주소서

● 육체의 시력을 잃는 것도 불행한 일이지만, 영적인 시력을 잃는 것은 더 큰 불행입니다. 사람은 육체의 눈과 마음의 눈, 그리고 영혼의 눈이 건강해야 합니다.

● 육체의 눈은 한계가 있습니다. 육안으로 모든 것을 볼 수 있는 것은 아닙니다. "너희가 듣기는 들어도 도무지 깨닫지 못하며 보기는 보아도 도무지 알지 못하는도다."(행 28:26)

● 마음의 눈도 완전하지는 않습니다. 그러나 육안으로 볼 수 없는 것을 볼 수 있는 지혜의 눈입니다. "만물보다 거짓되고 심히 부패한 것은 마음이라."(렘 17:9)

● 영혼의 눈이 열려야 하나님과 영적 세계를 볼 수 있습니다. "나는 비록 시력을 잃었지만 그로 인해 영혼의 눈을 떴기 때문에 행복한 사람이다."(화니 크로스비)

● 나의 눈에 있는 비늘(이성주의, 경험주의, 편견, 우상)이 벗겨질 때에 비로소 영안이 열리게 됩니다. "내 눈을 열어서 주의 법의 놀라운 것을 보게 하소서."(시 119:18)

【명언】
● 사람들은 존재하는 것을 보며 "왜지?" 라고 말한다. 나는 존재한 적이 없는 것을 꿈꾸며 "왜 안 돼?"라고 말한다. (조지 버나드 쇼)
● You see things; and you say, 'Why?' But I dream things that never were; and I say, "Why not?" (George Bernard Shaw)

【묵상】 영적 세계를 보는 눈이 있습니까?

어떤 안경을 쓰고 있습니까?

● 사람은 오감과 직관을 통해서 사물을 인식하기도 하지만, 어떤 안경을 쓰고 세상을 바라보느냐에 따라 보이는 사물(사람)이나 영적인 세계에 대한 해석이 달라집니다.

● 선악을 판단하는 주체가 인간이라는 교만의 안경을 쓴 사람이 있는 가하면, 크리스천은 선악을 판단하는 분은 창조주 하나님이라는 성경의 안경을 쓰고 사람과 세상을 바라봅니다.

● 심리학의 안경을 쓴 사람은 인간이 불안해서 가상의 하나님을 만들어 의지한다고 하지만, 크리스천은 태초에 하나님이 인간을 창조했다는 믿음의 안경을 쓰고 하나님을 봅니다.

● 모든 종교는 같다는 상대주의 안경을 쓴 사람도 있지만 크리스천은 예수만이 유일한 구원자라는 절대적인 안경을 쓴 자입니다. "나 외에 구원자가 없느니라."(사 43:11)

● 인간의 시각으로 세상을 보는 인본주의 안경과 하나님의 시각으로 세상을 보는 신본주의 안경이 있습니다. 어떤 안경을 쓰느냐에 따라 내 인생의 칼라가 달라집니다.

【명언】
● 상식은 18세 때까지 후천적으로 얻은 편견의 집합이다. (앨버트 아인슈타인)
● Common sense is the collection of prejudices acquired by age 18. (Albert Einstein)

【묵상】 어떤 안경을 쓰고 세상을 봅니까?

영안이 열려 있습니까?

● 이 세상에서 일어나는 사건들을 하나님의 시각으로 보고 해석할 수 있을 뿐 아니라, 보이지 않는 영적인 세계까지 볼 수 있는 사람은 영에 속한 사람입니다.

● 엘리사는 아람군대에 의해 포위되었을 때 함께한 사환은 두려워했으나 엘리사는 영안이 열려 자신을 지키는 하나님의 군대를 보고 안심했습니다(왕하 6:15-16).

● 사도바울은 다메섹도상에서 부활하신 예수님을 만난 후 눈에서 비늘 같은 것이 벗겨지면서 영안이 열렸습니다. 그 때부터 예수님만을 위해 살았습니다(행 9장).

● 화니 크로스비는 어릴 때에 시력을 잃게 되었지만 그 이후 주님을 영접하면서 영의 눈이 열리게 되었고 수많은 찬송시를 작시하여 하나님께 영광을 돌렸습니다.

● 인간적인 시각으로 보면 걱정이 되는 것도 영안이 열린 자, 영에 속한 사람에게는 전혀 문제가 되지 않습니다. 남들이 보지 못하는 것을 보는 것은 축복입니다.

【명언】
● 사람은 오로지 가슴으로만 올바로 볼 수 있다. 본질적인 것은 눈에 보이지 않는다. (A. 생떽쥐페리)
● It is only with the heart that one can see rightly; what is essential is invisible to the eye. (Antoine de Saint-Exupery)

【묵상】 영안이 열리는 체험을 했습니까?

포용의 심리

누구나 성공을 꿈꾸는 시대에 '포용'은 매력 없게 들릴 수 있다. 속도감이나 성취감이 그리 느껴지지 않기 때문이다. 하지만 포용은 성공의 문을 여는 중요한 키워드이다. 포용은 단순히 긍정적인 사고방식을 뜻하는 것은 아니다. 포용은 우리 삶을 풍요롭게 만들며, 사사로운 생각들을 없애주고 부정적인 감정들을 상쇄시킨다. 이는 성공과 실패, 탁월함과 평범함, 희망과 절망 간의 차이를 가늠하는 잣대라고 할 수 있다.

포용력이 있는 사람은 다음과 같은 사실을 믿는다. "팔면 팔수록 팔 것이 더 많다." "주면 줄수록 줄 것이 더 많다." "배우면 배울수록 배울 것이 더 많다." "그들은 내가 목표를 달성할 수 있도록 도와줄 것이다." 이런 넉넉함은 마음에서 시작된다. 넓은 마음을 가질 때 삶은 더욱 풍성해지고 삶이 풍성해질수록 우리 앞에는 더 많은 행복과 성공의 길이 펼쳐질 것이다.

포용하기 위해서는 넓고 깊은 마음이 준비되어야 한다. 넓어지기 위해서는 아픔을 감수해야하고, 깊어지려면 인생의 어두움을 반드시 통과해야 한다. 단순히 아픔을 겪었다거나 인생의 어둠을 경험했다고 포용력이 생기는 것은 아니다. 그 속에서 부단히 자기 자신을 단련시켜야 한다. 자신에게 생긴 일들에 대한 의미를 해석하고, 어떻게 반응하며 자신을 발전시킬지를 끊임없이 생각한다면 그 사람은 넓고 깊은 포용력을 갖추게 된다. 포용의 완성은 사랑을 나누는 것이며, 그렇게 될 때 진정한 행복과 성공에 이르게 된다.

● 포용력: 사람과 세상을 내편으로 만드는 힘, 유희태

"수고하고 무거운 짐 진 자들아 다 내게로 오라 내가 너희를 쉬게 하리라 나는 마음이 온유하고 겸손하니 나의 멍에를 메고 내게 배우라 그리하면 너희 마음이 쉼을 얻으리니 이는 내 멍에는 쉽고 내 짐은 가벼움이라 하시니라"(마 11:28-30)

포용하는 자가 리더입니다.

● 리더에게 반드시 필요한 조건 중의 하나가 포용력입니다. 사람을 어느 정도까지 포용할 수 있느냐에 따라 그릇의 크기가 정해집니다. 많은 사람을 포용할수록 큰 그릇입니다.

● 보통 사람들은 자신을 좋아하는 사람만 포용합니다. 그러나 그것은 누구나 할 수 있습니다. "만일 너희를 사랑하는 자만을 사랑하면 칭찬 받을 것이 무엇이냐?"(눅 6:32)

● 포용력이 있는 사람은 내가 싫은 사람도 수용하는 넓은 마음을 가진 자입니다. "내가 자녀에게 말하듯 하노니 보답하는 것으로 너희도 마음을 넓히라."(고후 6:13)

● 진정한 리더십과 능력은 나를 핍박하는 원수까지도 포용할 때 나옵니다. "너희 원수를 사랑하며 너희를 박해하는 자를 위하여 기도하라."(마 5:44)

● 원수까지라도 포용하는 것은 하나님의 사랑이 없이는 불가능한 일입니다. 사랑하는 만큼 포용할 수 있습니다. "서로 사랑할지니 사랑은 허다한 죄를 덮느니라."(벧전 4:8)

【명언】
● 사랑은 내게 질문하지 않으며, 다만 끝없는 지지를 준다. (W. 세익스피어)
● Love asks me no questions, and gives me endless support. (William Shakespeare)

【묵상】 나는 어느 정도로 포용할 수 있습니까?

누가 포용할 수 있을까요?

● 사랑이 많은 자가 포용할 수 있습니다. 미워하면 포용이 안 됩니다. 사랑한 만큼 포용합니다. "예수께서...세상에 있는 자기 사람들을 사랑하시되 끝까지 사랑하시니라."(요 13:1)

● 마음이 넓은 자가 포용할 수 있습니다. 준비된 그릇만큼 채웁니다. "그릇을 내게로 가져오라 하니 아들이 이르되 다른 그릇이 없나이다 하니 기름이 곧 그쳤더라."(왕하 4:6)

● 마음이 착한 자는 많은 사람을 포용할 수 있습니다. "바나바는 착한 사람이요 성령과 믿음이 충만한 사람이라 이에 큰 무리가 주께 더하여지더라."(행 11:24)

● 예수를 닮은 자가 포용할 수 있습니다. 자신을 낮추고 겸손하면 모든 사람과 더불어 화평할 수 있습니다. "너희 안에 이 마음을 품으라. 곧 그리스도 예수의 마음이니"(빌 2:5)

● 포용이 되지 않는 것은 내 마음에 깊은 상처가 있거나 좁은 마음 때문입니다. 그러므로 나를 미워하는 사람까지도 품으려면 마음의 상처를 치유 받거나 예수의 사랑으로 마음을 넓혀야 합니다.

【명언】
● 누군가를 용서하지 않고 있으면 자신이 괴롭다. (앤드류 매튜스)
● If you do not forgive someone, you will be afflicted. (Andrew Matthews)

【묵상】 포용하지 못하는 이유는 무엇입니까?

예수님이 진정한 리더입니다.

● 모든 죄인을 포용했기 때문입니다. "수고하고 무거운 짐 진 자들아 다 내게로 오라 내가 너희를 쉬게 하리라."(마 11:28) 예수님이 포용하지 못할 죄인은 없습니다.

● 하나님의 아들 예수님은 약자를 포용하셨습니다. "여호와께서 나그네들을 보호하시며 고아와 과부를 붙드시고 악인들의 길은 굽게 하시는도다."(시 146:9)

● 배신한 베드로를 찾아가서 품으셨습니다. "베드로가 근심하여 이르되 내가 주님을 사랑하는 줄을 주님께서 아시나이다. 예수께서 이르시되 내 양을 먹이라."(요 21:17)

● 핍박하던 사울을 변화시켜 제자로 삼으셨습니다. "복음을 증언하는 일을 마치려 함에는 나의 생명조차 조금도 귀한 것으로 여기지 아니하노라."(행 20:24)

● 십자가상에서 죽는 순간까지도 원수를 사랑하셨습니다. "예수께서 이르시되 아버지 저들을 사하여 주옵소서 자기들이 하는 것을 알지 못함이니이다."(눅 23:34)

【명언】
● 우리는 보복이 아니라 포용을 통해서 새로운 국가 건설에 나서야 한다. (A. 링컨)
● We should come off the new nation building through an embracing rather than retribution. (Abraham Lincoln)

【묵상】 내가 포용했던 경험을 나누어 봅시다.

2장

정서 다스리기

감정과 이성

    감정이란 우리의 마음과 몸 양쪽에 관련된 복잡한 반응이다. 이 반응에는 몇 가지가 포함된다. 첫째는 분노, 불안, 사랑의 느낌과 같은 주관적인 정신상태이다. 둘째는 공개적으로 표현되든 되지 않든, 달아나거나 공격하는 것과 같은 행동의 충동이다. 셋째는 심장 박동이 증가하거나 혈압이 증가하는 것과 같은 신체의 큰 변화이다.

    인간은 그의 언어, 행동, 그리고 얼굴을 통해서 감정을 나타낸다. 자신에게 일어나는 모든 일에 대해서 감정적 현상이 일어나기 때문에 인간을 감정의 동물이라고 말하기도 한다. 이처럼 사람이 경험하는 많은 감정들은 우리가 이 세상에서 씨름해야 하는 다양한 신체적이고 사회적인 문제들은 반영한다.

감정에 대한 여러 신화들이 있다. 그 중에 하나는 감정은 비합리적인 것이기 때문에 이성적 사고나 판단에 의존하지 않는다는 것이다. 그러나 실제로 감정은 이성의 영향을 받는다. 즉 감정은 어떤 상황에서 일어나는 일에 대해서, 개인적으로 의미를 부여하는 이성적 평가에서 유발된다. 개인이 어떤 사건에 대해서 긍정적인 의미를 부여하면 그 사람은 긍정적인 감정을 느끼게 된다. 그리고 똑같은 사건이라도 그것에 대해서 부정적인 의미를 부여하면 부적절한 감정이 올라오게 된다. 이와 반대로, 나의 감정의 상태가 이성적인 판단에 영향을 미치기도 한다. 상대방이 기분이 좋을 때 뭔가를 부탁하면, 그렇지 않을 때보다 좋은 결과를 가져올 수 있는 가능성이 많다. 이처럼 감정과 이성은 상호간에 영향을 주고받는 관계라고 할 수 있다.

● 감정과 이성, 리처드 래저러스 외, 정영목 역

"즐거워하는 자들과 함께 즐거워하고 우는 자들과 함께 울라 서로 마음을 같이하며 높은 데 마음을 두지 말고 도리어 낮은 데 처하며 스스로 지혜 있는 체하지 말라 아무에게도 악을 악으로 갚지 말고 모든 사람 앞에서 선한 일을 도모하라"(롬 12:15-17)

나의 감정 느끼기

● 감정은 하나님이 인간에게 주신 선물입니다. 그러므로 우리는 내 안의 감정을 느낄 수 있도록 민감하게 깨어 있어야 합니다. "오직 깨어 정신을 차릴지라."(살전 5:6)

● 내 마음 속에 일어나는 감정의 흐름을 잘 느낄 수 있는 자는 감수성이 있는 사람입니다. "그러므로 내 심령이 속에서 상하며 내 마음이 내 속에서 참담하니이다."(시편 143:4)

● 자신의 감정에 민감한 사람은 상처 받은 사람의 감정을 이해할 수 있습니다. "예물로 형의 감정을 푼 후에 대면하면 형이 혹시 나를 받아 주리라"(창32:20)

● 감정을 느끼는데 민감하지 못하면 대인관계뿐 아니라 주의 뜻을 분별하는데 어려움을 겪을 수 있습니다. 감정을 잘 느끼려면 먼저 자신의 신체감각이나 생각과의 연관성에 예민해야 합니다.

● 감정을 느끼지 못하는 것은 억압의 결과일 수도 있습니다. 사람이 희노애락의 감정을 표현하지 못하도록 억압을 당하면 자신의 감정을 느끼는데 무디어지게 됩니다.

【명언】
● 인간의 감정은 누군가를 만날 때와 헤어질 때 가장 순수하며 가장 빛난다.(장 폴 리허터)
● Man's feelings are always purest and most glowing in the our of meeting and of farewell.(Jean Paul Richter)

【묵상】 지금 어떤 감정을 느끼고 계십니까?

나의 감정 다스리기

● 이 세상에는 자신의 감정에 휘둘리며 사는 사람이 있는가하면, 감정을 다스리며 사는 사람이 있습니다. 이 세상에서 가장 위대한 일은 자신의 감정을 다스리는 것입니다.

● 마음(감정)을 어떻게 다스리느냐가 곧 그 사람의 인격을 좌우하는 기준이 되기도 합니다. "자기의 마음을 다스리는 자는 성을 빼앗는 자보다 나으니라"(잠16:32)

● 감정은 몸의 건강, 사건이나 환경의 영향을 받기도 합니다. 몸이 건강하면 기분이 좋아지고, 안 좋은 일 때문에 우울해지는 등 환경을 무시할 수 없습니다.

● 고난 속에서 원망하는 사람이 있는가하면, 바울처럼 고난 속에서도 기뻐하는 사람이 있습니다. "주 안에서 항상 기뻐하라 내가 다시 말하노니 기뻐하라"(빌 4:4)

● 비합리적인 생각을 합리적인 사고로 바꾸면 부적절한 감정이 적절한 감정으로 변화가 됩니다. 또한 기도함으로 하나님이 주시는 평안을 얻게 되면, 내 마음을 다스릴 수 있습니다. (요 14:27)

【명언】
● 우리가 일상생활에서 가장 조심해야 할 것은 사소한 감정을 어떻게 처리하느냐 하는 문제이다.(알랭)
● What we need to be most careful in our daily, it is a matter of how do we handle the slightest emotion. (Alain)

【묵상】 감정을 다스리지 못하는 이유는 무엇입니까?

나의 감정 표현하기

● 감정을 무조건 무시하거나 억압만한다고 좋은 것은 아닙니다. 부적절한 감정이 계속 쌓이면 신체화 증상으로 나타나거나 어느 날 갑자기 폭발하는 일이 벌어집니다.

● 감정을 지속적으로 억압하면 감정을 느끼는데 무디어질 뿐만 아니라, 타인의 감정에 민감하지 못하여 소통을 하거나 대인관계를 하는데 어려움을 겪습니다.

● 또한 나의 감정이 적절하게 표현되지 않으면 다투게 됩니다. "분을 쉽게 내는 자는 다툼을 일으켜도 노하기를 더디 하는 자는 시비를 그치게 하느니라"(잠 15:18)

● 그러므로 감정을 억압하거나 무시할 것이 아니라, 잘 다스려 적절히 표현할 수 있어야만 합니다. "마음을 다스리는 자는 성을 빼앗는 자보다 나으니라"(잠16:32)

● 감정을 적절한 말로 표현할 수 있는 사람은 자신의 몸과 마음의 건강을 돌보는 자입니다. "경우에 합당한 말은 아로새긴 은 쟁반에 금 사과니라"(잠 25:11)

【명언】
● 이성이 인간을 만들어낸다고 하면, 감정은 인간을 이끌어간다. (루소)
● If Reason creates a human being, Feelings leads the humans. (Rousseau)

【묵상】어떻게 내 감정을 표현합니까?

낙심과 절망

미국의 오하이오 주립대학교 정신과와 심리학과 공동연구팀은 미국의 건강의학전문지에 염세주의가 인간의 신체적 건강과 장수에 나쁜 영향을 미친다는 것을 발표했다. 중년을 대상으로 조사한 이 연구의 결론은 건강하게 오래 살려면 걱정과 스트레스를 줄이고 비관적 생각을 피하는 것이 중요하다고 했다.

낙천성과 비관성은 따로 존재하는 것이 아니다. 비록 낙천적 성격의 사람이라고 할지라도 부정적인 특성을 가지고 있다. 그러므로 무조건 잘 될 것이라고 막연하게 믿기보다는 사물에 대한 부정적 시각을 줄일 때 심리적으로 건강하게 된다. 연구팀은 실험 대상자들의 낙천적 사고와 비관적 사고의 정도를 측정한 1년 후에 그들의 행복의 정도를 측정해 보았다. 그 결과 비관적 사고를 하는 사람들은 낙천적 사고를 하는 사람보다 스트레스와 불안에 시달리는 경우가 더 많았으며, 건강이 나쁘다고 응답한 비율은 더 높았다. 그동안 일부 학자들은 타고난 성격이 낙천적이라면 환경이 어렵더라도 계속 그러한 생각과 태도를 유지한다고 생각했지만, 이 연구팀은 낙천성은 고정된 성격적 특성이 아니라 환경의 영향을 받아 바뀔 수 있다고 주장했다.

이밖에 다른 사람들이 자신을 포기했다고 생각하고 자신도 스스로 포기하면 뇌에서 특수한 호르몬이 분비되어 면역체계의 기능을 저하시킨다는 연구 결과도 있다. 이처럼 아무리 낙천적인 사람일지라도 우울, 불안, 적응장애가 나타날 수 있으므로 열등감, 패배감에 집착하지 말고 노력을 통해서 미래를 바꿀 수 있다는 생각을 갖는 것이 중요하다.

"우리가 이 보배를 질그릇에 가졌으니 이는 심히 큰 능력은 하나님께 있고 우리에게 있지 아니함을 알게 하려 함이라 우리가 사방으로 우겨쌈을 당하여도 싸이지 아니하며 답답한 일을 당하여도 낙심하지 아니하며"(고후 4:7-8)

낙심될 때가 있습니까?

● 인간의 절망은 하나님의 기회이고, 인간의 끝은 하나님의 시작입니다. 이 세상에는 사람들을 낙심하게 하는 것들이 많이 있습니다. 그러나 믿음의 사람들은 좀처럼 낙심하지 않습니다.

● 악인이 형통하고, 의인이 고난을 받을 때에 낙심하게 됩니다. "너희를 위한 나의 여러 환난에 대하여 낙심하지 말라 이는 너희의 영광이니라."(엡 3:13)

● 내 편이 없다고 생각이 되면 낙심하게 됩니다. "내 영혼아 네가 어찌하여 낙심하며 어찌하여 내 속에서 불안해 하는가 너는 하나님께 소망을 두라."(시 42:5)

● 하나님을 보지 않고 환경만 보면 낙심하게 됩니다. "심히 노할지라도 이들은 연기 나는 두 부지깽이 그루터기에 불과하니 두려워하지 말며 낙심하지 말라."(사 7:4)

● "내 생애 최대 자랑은 한 번도 실패하지 않았다는 것이 아니라 넘어질 때마다 다시 일어났다는 것이다."(골드 스미스) 대저 의인은 일곱 번 넘어질지라도 다시 일어납니다(잠 24:16).

【명언】
● 절대로 고개를 떨구지 말라. 고개를 치켜들고 세상을 똑바로 바라보라. (헬렌 켈러)
● Never bend your head, Hold it high. Look the world straight in the eye. (Helen Keller)

【묵상】 낙심이 될 때 어떻게 하십니까?

낙심하지 맙시다.

● 선을 행하다가 낙심하지 말아야 합니다. "우리가 선을 행하되 낙심하지 말지니 포기하지 아니하면 때가 이르매 거두리라."(갈 6:9) 하나님이 반드시 거두게 하십니다.

● 기도하다가 낙심하지 말아야 합니다. "예수께서 그들에게 항상 기도하고 낙심하지 말아야 할 것을 비유로 말씀하여"(눅 18:1) 낙심하지 않으면 응답을 받습니다.

● 고난 중에 낙심하지 말아야 합니다. "사방으로 우겨 쌈을 당하여도 싸이지 아니하며 답답한 일을 당하여도 낙심하지 아니하며"(고후 4:8) 고난은 위장된 축복입니다.

● 전도하다가 낙심하지 말아야 합니다. "선을 행하되 낙심하지 말지니 포기하지 아니하면 때가 이르매 거두리라."(갈 6:9) 씨를 뿌리면 반드시 거둡니다. (시 126:5)

● 예수를 믿다가 낙심하지 말아야 합니다. "누구든지 나로 말미암아 실족하지 아니하는 자는 복이 있도다."(마 11:6) "끝까지 견디는 자가 구원을 얻으리라."(마 24:13)

【명언】
● 비록 태양이 사라져도, 나는 한 줄기 빛을 얻으리라. (커트 코베인)
● Though the sun is gone, I have a light. (Kurt Cobain)

【묵상】 낙심될 때 어떻게 하십니까?

낙심하지 않을 이유

● 절망적인 환경 속에서도 믿음으로 희망을 보는 사람이 있는가하면, 좋은 환경 속에서도 부정적인 면만을 보고 낙심하는 사람이 있습니다. 낙심은 사탄의 강력한 도구입니다.

● 영적 마라톤 선수인 성도들은 자신을 둘러싼 믿음의 증인들의 응원으로 새 힘을 얻을 수 있습니다. "우리에게 구름같이 둘러싼 허다한 증인들이 있으니"(히 12:1)

● 하나님의 위로하심이 있기 때문에 성도는 새 힘을 얻을 수 있습니다. "그러나 낙심한 자들을 위로하시는 하나님이 디도가 옴으로 우리를 위로하셨으니"(고후 7:6)

● 성도가 십자가의 고난을 당한 후 하늘 보좌 우편에 앉으신 예수님을 바라볼 때에도 큰 힘을 얻게 됩니다. "온전하게 하시는 이인 예수를 바라보자."(히 12:2)

● 예수님을 깊이 묵상하는 자는 결코 낙심하지 않습니다. "피곤하여 낙심하지 않기 위하여 죄인들이 이같이 자기에게 거역한 일을 참으신 이를 생각하라."(히 12:3)

【명언】
● 어떤 일을 하기에 앞서 스스로 그 일에 대한 기대를 가져야 한다. (마이클 조던)
● You have to expect things of yourself before you do them. (Michael Jordan)

【묵상】 낙심을 극복한 사례가 있습니까?

공포증 (phobia)

공포증은 두렵고 무서운 감정의 병리적 증상이며, 어떤 특정한 대상에 대해 병적으로 두려움이나 무서움을 느끼는 증세이다. 이런 증상은 어떤 사물이나 행동 또는 상황에 의해 일어나는 극심한 불안을 기초로 한다. 이러한 극심한 불안은 막연한 불안의 정도를 넘어 매우 심할 정도로 지속적이면서 비합리적인 공포감을 유발한다.

공포증이라는 용어는 고대 희랍신화에서 적을 놀라게 하던 전쟁의 신인 포보스의 이름에서 유래하였다. 이는 공포와 심한 불안을 유발한다는 뜻으로 '과장된 혹은 무력화시키는 공포'이다. 역사적으로 공포에 대한 최초의 기록은 13세기 철학자들이 기술한 악마공포증, 신(神)공포증 등에서 찾아볼 수 있다. 이후 19세기에 이르러 정신과학 문헌에 공포증이 등장하였고, 이러한 의미는 최근까지 계속 사용되고 있다.

공포증과 불안증은 차이가 있다. 공포증은 불안을 유발시키는 특정한 대상이 있는 반면, 불안증은 불안을 일으키는 대상이 없다. 즉 불안증은 불안을 느낄만한 상황이 아닌데도 심리적으로 불안을 느끼는 것이 공포증과 다르다. 공포증이 두렵고 무서운 감정의 증상이라면, 두려움과 무서움의 정서는 불안이 극심한 정도에 이른 상태이다. 널리 알려진 공포증의 예는 다음과 같다. 즉 좁은 공간을 두려워하는 사람, 사람이 많은 넓은 공간을 두려워하는 사람, 높은 곳에 올라가면 두려운 사람, 물을 보면 무서운 사람, 개를 보고도 무서운 사람, 사람 앞에 서서 발표를 하거나 말을 하라고 하면 두려운 사람 등 실로 다양하다.

"두려워하지 말라 네가 수치를 당하지 아니하리라 놀라지 말라 네가 부끄러움을 보지 아니하리라 네가 네 젊었을 때의 수치를 잊겠고 과부 때의 치욕을 다시 기억함이 없으리니 이는 너를 지으신 이가 네 남편이시라"(사 54:4-5)

무엇 때문에 두려워합니까?

● 대상에 대한 두려움이 있습니다. 특정한 대상(뱀과 같은 동물이나 물체)을 볼 때에 두려움과 공포를 느끼기도 합니다. 이는 심리적인 치료를 통해 극복할 수 있습니다.

● 폭력에 대한 두려움이 있습니다. "내 백성들아 앗수르가 애굽이 한 것처럼 막대기로 너를 때리며 몽둥이를 들어 너를 칠지라도 그를 두려워하지 말라."(사 10:24)

● 고난에 대한 두려움이 있습니다. "너는 장차 받을 고난을 두려워하지 말라 볼지어다 마귀가 장차 너희 가운데에서 몇 사람을 옥에 던져 시험을 받게 하리니"(계 2:10)

● 전쟁에 대한 두려움이 있습니다. "너희는 이 큰 무리로 말미암아 두려워하거나 놀라지 말라 이 전쟁은 너희에게 속한 것이 아니요 하나님께 속한 것이니"(역대하 20:15)

● 죽음에 대한 두려움이 있습니다. "바울아 두려워하지 말라 네가 가이사 앞에 서야 하겠고 또 하나님께서 너와 함께 항해하는 자를 다 네게 주셨다 하였으니"(행 27:24)

【명언】
● 진정한 감옥은 두려움뿐이다. 그리고 진정한 자유는 바로 두려움으로부터의 해방이다. (아웅산 수치)
● The only real prison is fear, and the only real freedom is freedom from fear. (Aung San Suu Kyi)

【묵상】 내가 두려워하는 것은 무엇입니까?

두려울 때 어떻게 합니까?

● 두려움에 휘둘리는 사람이 있습니다. 호랑이 굴에 들어가도 정신을 잃지 말아야합니다. 가나안 사람들은 이스라엘과 함께 한 하나님의 능력을 보고 정신을 잃어버렸습니다. (수 5:1)

● 어떤 행동에 몰입하기도 합니다. 무엇에 집중하느냐에 따라 두려움의 정도가 달라질 수 있습니다. 나와 함께 하시는 주님께 집중할 때 새 힘을 얻을 수 있습니다.

● 두려움의 원인을 찾기도 합니다. 마음을 성찰하면서 두려움의 원인을 찾으면 두려움의 정도를 완화할 수 있습니다. 잘못된 지식이나 신념이 두려움을 더욱 가중시킵니다.

● 말씀 묵상이 힘이 됩니다. "두려워하지 말라 내가 너와 함께 함이라 놀라지 말라 나는 네 하나님이 됨이라 내가 너를 굳세게 하리라 참으로 도와주리라."(사 41:10)

● 기도로 극복할 수 있습니다. 평안을 구하는 기도를 할 필요가 있습니다. "너희는 내가 사로잡혀 가게 한 그 성읍의 평안을 구하고 그를 위하여 여호와께 기도하라."(렘 29:7)

【명언】
● 인생이 끝날까 두려워하지 말라. 당신의 인생이 시작조차 하지 않을 수 있음을 두려워하라. (그레이스 한센)
● Don't be afraid your life will end, be afraid that it will never begin. (Grace Hansen)

【명언】 두려움을 완화시키는 방법은 무엇입니까?

두려움에 대한 하나님의 처방

● 나와 함께 하겠다고 약속하십니다. "두려워하지 말라 내가 너와 함께 함이라 놀라지 말라 나는 네 하나님이 됨이라 내가 너를 굳세게 하리라 참으로 도와주리라."(사 41:10)

● 나를 도와주시겠다고 약속하십니다. "버러지 같은 너 야곱아, 너희 이스라엘 사람들아 두려워하지 말라 나 여호와가 말하노니 내가 너를 도울 것이라."(사 41:14)

● 나를 구원하겠다고 약속하십니다. "너희가 두려워하는 바벨론의 왕을 겁내지 말라 내가 너희와 함께 있어 너희를 구원하며 그의 손에서 너희를 건지리니 두려워하지 말라."(렘 42:11)

● 평안을 주시겠다고 약속하십니다. "나의 평안을 너희에게 주노라 내가 너희에게 주는 것은 세상이 주는 것과 같지 아니하니라 너희는 마음에 두려워하지도 말라."(요 14:27)

● 사랑하라고 하십니다. "사랑 안에 두려움이 없고 온전한 사랑이 두려움을 내쫓나니 두려움에는 형벌이 있음이라 두려워하는 자는 사랑 안에서 온전히 이루지 못하였느니라."(요1서 4:18)

【명언】
● 인생에 있어서 최고의 행복은 우리가 사랑 받고 있음을 확신하는 것이다. (빅톨 위고)
● Life's greatest happiness is to be convinced we are loved. (Victor Hugo)

【묵상】 두려울 때 위로가 되는 말씀은 무엇입니까?

분노감

분노는 사소한 일에도 폭력을 행사하거나 사람을 죽이게 하는 결과를 낳게 한다. 분노조절장애란 자기도 모르게 충동적으로 올라오는 화의 감정을 스스로 조절하지 못해서 병적으로 표출되는 것이다. 화가 나는 시점과 화를 내는 시점이 다를 때, 화가 나는 대상과 화풀이 대상이 차이가 날 때, 화의 원인을 모를 때 모두 분노조절장애에 해당될 수 있다. 분노조절장애는 어른뿐 아니라 어린아이들에게서도 볼 수 있다.

분노조절장애의 구체적인 증상은 화가 나면 상대방에게 거친 말과 폭력을 행사하며, 폭력성과 공격성이 특징이다. 하는 일이 잘 풀리지 않으면 쉽게 포기하고 좌절감을 느낀다. 타인이 나를 무시하는 것 같고 억울하다는 생각을 자주한다. 타인의 잘못을 그냥 넘기지 못하고 꼭 마찰을 일으킨다. 화가 나면 주변의 물건부터 던지려고 한다. 또한 분노의 감정을 어떻게 해야할지 몰라서 쩔쩔매며, 중요한 일을 앞두고 화를 내서 일을 망친다. 분이 풀리지 않아 혼자 우는 경우도 있다. 폭력적이고 잔인한 장면들을 쉽게 접하는 아이들에게서도 이런 증상이 나타나기도 한다.

분노조절이 되지 않으면 약물 복용과 훈련을 통해 정서적 안정을 찾아야 하며 몸의 건강관리도 매우 중요하다. 분노조절을 잘 하려면 자신의 감정을 잘 이해하고 스스로의 격려가 우선이다. 심호흡을 통한 기분전환으로 심리적 안정을 꾀한다. 화가 날 때 마음에 담아 두지 않는 것도 좋다. 화를 참으면 적개심, 과민, 망상증 등 정신적으로 좋지 않은 증상이 나타난다.

"너희는 칼을 두려워 할지니라 분노는 칼의 형벌을 부르나니 너희가 심판장이 있는 줄을 알게 되리라"(욥 19:29) "분을 내어도 죄를 짓지 말며 해가 지도록 분을 품지 말고 마귀에게 틈을 주지 말라"(엡 4:26-27)

분노로 가득한 세상

● 분노로 인해서 부모를 살해하는 사건이 종종 발생하고 있으며 술 마시고 잔소리 하는 아내를 홧김에 목 졸라 살해하거나 단지 쳐다보았다는 이유로 폭행을 하기도 합니다.

● 이처럼 분노는 이성적인 사고를 마비시켜 끔찍한 사고를 일으킵니다. 가인이 동생 아벨을 죽인 것도 자신의 제사를 받지 않은 것에 대한 분노의 결과였습니다(창 4:8).

● 분노조절이 되지 않는 것은 심리적으로나 영적으로 건강하지 못하기 때문입니다. 그러므로 우리는 몸의 건강을 돌보듯이 마음의 건강을 위해서도 관심을 가져야 합니다.

● 분노하는 사람은 권위적이거나, 열등감이 많거나 속이 좁고 매우 이기적인 특징이 있습니다. 특히 비합리적인 신념이나 고정관념에 사로잡혀 있는 경우도 쉽게 화를 냅니다.

● 분노를 조절하지 못할 때 가장 큰 피해자는 바로 본인 자신입니다. "노하기를 더디 하는 것이 사람의 슬기요 허물을 용서하는 것이 자기의 영광이니라."(잠 19:11)

【명언】
● 분노의 이유가 없지는 않지만, 좋은 이유의 분노는 드물다. (벤자민 프랭클린)
● Anger is never without a reason, but seldom with a good one. (Benjamin Franklin)

【묵상】 어떤 때에 분노를 하는 편입니까?

분노의 해로움을 아십니까?

● 우선 건강을 훼손하게 됩니다. 분노는 활활 타오르는 숯불을 품는 것과 같아서 건강에 극히 해롭습니다. "그들의 분노는 밤새도록 자고 아침에 피우는 불꽃 같도다."(호세아 7:6)

● 실수의 원인이 되기도 합니다. 화가 머리끝까지 치밀어 오르면 사고 기능이 저하되어 말에 실수를 합니다. 실수를 하지 않으려면 마음을 잘 다스려 평안해야 합니다.

● 관계의 단절을 가져 옵니다. 분노하는 자와 가까이 하고 싶은 사람은 없습니다. 분노는 관계를 단절시킵니다. 그러므로 원만한 관계를 가지려면 화를 먼저 줄여야 합니다.

● 살인의 원인이 됩니다. 분노가 안으로 향하면 자살이 되고 밖으로 향하면 살인이 됩니다. "분노대로 사람을 죽이고 그들의 혈기대로 소의 발목 힘줄을 끊었음이로다."(창 49:6)

● 분노는 자신뿐 아니라 타인에게 독소와 같습니다. 더 나아가 신앙생활에도 도움이 되지 않습니다. "분을 내어도 죄를 짓지 말며 해가 지도록 분을 품지 말고 마귀에게 틈을 주지 말라."(엡 4:26-27)

【명언】
● 분노는 어리석음에서 시작을 해서, 후회로 끝난다. (피타고라스)
● Anger begins with folly, ends with repentance. (Pythagoras)

【묵상】 분노로 인한 부정적 결과는 무엇입니까?

어떻게 분노를 줄일까?

● 화를 내지 않고 사는 것은 쉬운 일이 아닙니다. 그러나 분노를 줄이는 것은 노력하면 어느 정도는 가능한 일입니다. "예수님이라면 어떻게 하실까?"라는 생각도 도움이 됩니다.

● 욕심을 줄이는 것도 도움이 됩니다. 마음을 비우면 분노할 일이 확실히 줄어듭니다. 욕심이 문제입니다. "욕심이 잉태한즉 죄를 낳고 죄가 장성한즉 사망을 낳느니라."(약 1:15)

● 자신의 연약함 인식할 때 화가 줄어듭니다. 완벽주의자일수록 화를 잘 내는 경향이 있습니다. 자신이 실수할 때가 있다는 것을 인정하게 되면 분노를 줄일 수 있습니다.

● 상대방 입장을 고려할 때 화가 줄어듭니다. 역지사지 하는 마음이 없이 화부터 내는 것은 어리석은 일입니다. 역지사지하는 마음을 가질 때 노하기를 더디 하게 됩니다.

● 성령의 인도를 구할 때 분노조절이 됩니다. 분노조절은 인간의 노력만으로 한계가 있습니다. 기도하면서 성령의 능력을 힘입을 때 평안이 임하게 됩니다(빌 4:6-7).

【명언】
● 분노로 시작하면 무엇이나 수치로 끝난다. (벤자민 프랭클린)
● Whatever is begun in anger, ends in shame. (Benjamin Franklin)

【묵상】 화가 날 때 어떻게 조절하십니까?

불안감

불안을 심리적으로 가장 잘 설명한 사람은 프로이드이다. 그는 불안이 인성의 발달과 기능에 중요한 역할을 한다고 보았다. 신경증과 정신병에 관한 이론에서도 불안은 큰 의미를 내포하고 있으며, 정신 병리학적 상태의 치료에 있어서도 큰 역할을 한다. 프로이드는 세 가지 종류의 불안을 언급했다.

첫째, 현실적 불안(reality anxiety)이다. 이는 외부 세계로부터 오는 위험을 인식함으로써 발생되는 고통스러운 정서적 경험이다. 위험을 인식할 때 불안을 느끼는 것은 어떤 점에서 선천적이라고 할 수 있다. 인간은 특별한 대상이나 환경적 조건에 의해 두려워하는 성향을 지니고 타고나기 때문이다.

둘째, 신경성 불안(neurotic anxiety)이다. 신경성 불안에는 세 가지가 있는데 그 하나는 부동적 형태의 우려로서 다소 적당한 환경이 조성되면 쉽게 그 환경에 빠져드는 것이다. 또 다른 형태의 신경성 불안은 강렬하고 비합리적인 공포이다. 마지막은 발작적인 반응에서 찾아볼 수 있다. 이러한 것은 어떤 분명한 자극이 없이 갑작스럽게 발생하는 것이다.

셋째, 도덕적 불안(moral anxiety)이다. 이는 자아가 죄책감, 혹은 수치감을 경험하는 것으로서 양심으로 인해 위험을 의식함으로써 발생한다. 부모의 권위가 내면화된 대행자로서의 양심은 자아 이상에 위배되는 일을 하거나 생각할 때 벌을 내리겠다고 위협한다. 불안은 특성불안과 상태불안이 있는데, 특성불안은 비교적 지속적인 성격특성이고, 상태불안은 특정한 상태나 장면에 따라서 증가하기도 하고 감소하기도 하는 불안이다.

"내 영혼아 네가 어찌하여 낙심하며 어찌하여 내 속에서 불안해 하는가 너는 하나님께 소망을 두라 나는 그가 나타나 도우심으로 말미암아 내 하나님을 여전히 찬송하리로다"(시 42:11)

불안도 때로 필요합니다.

● 만약 인간이 불안과 두려움을 느낄 수 없다면 어떻게 될까요? 사람은 불안 때문에 더 조심하게 되고 기도를 하게 되며 죄를 짓지 않으려고 하기 때문에 불안도 필요합니다.

● 자동차 운행을 할 때 속도를 높여도 전혀 불안을 느끼지 않는다면 더 속도를 낼 겁니다. 위험한 상황이 되어도 불안을 못 느낀다면 사고를 당할 위험은 훨씬 더 커질 것입니다.

● 만약에 죄를 지어도 불안을 느끼지 않는다면 그 사람은 점점 더 큰 죄를 짓게 되고, 결과적으로 그 영혼은 파멸할 것입니다. 불안도 하나님이 주시는 감정입니다.

● 불안을 느낄 때에 불안의 실체를 통찰하고, 불안을 극복하는 과정을 통해 우리는 보다 더 성숙하게 됩니다. 불안을 어떻게 인지하느냐에 따라 축복의 기회가 될 수 있습니다.

● 그러므로 불안을 대처하는 방식이 중요합니다. 그렇다고 불안에 시달리는 것은 하나님의 뜻이 아닙니다. "어찌하여 내 속에서 불안해 하는가 너는 하나님께 소망을 두라"(시 42:5)

【명언】
● 희망을 품지 않은 자는 절망도 할 수 없다. (조지 버나드 쇼)
● He who has never hoped can never despair. (George Bernard Shaw)

【묵상】 불안의 유익함은 무엇일까요?

어떤 때 불안합니까?

● 실수할 것에 대한 불안이 있습니다. 그렇지만 사람은 여러 가지 실수를 통해서 성장합니다. "우리가 다 실수가 많으니 만일 말에 실수가 없는 자라면 곧 온전한 사람이라."(약 3:2)

● 불확실한 미래에 대한 불안이 있습니다. "너는 내일 일을 자랑하지 말라 하루 동안에 무슨 일이 일어날는지 네가 알 수 없음이니라."(잠27:1) 하나님을 의지해야 할 이유입니다.

● 죄를 지을 때 오는 불안이 있습니다. 죄의 불안을 무시하는 것은 어리석은 일입니다. "네 고집과 회개하지 아니한 마음을 따라...그날에 임할 진노를 네게 쌓는도다."(롬 2:5)

● 죽음 이후에 대한 불안이 있습니다. 부활에 대한 분명한 확신이 있는 사람은 죽음 앞에서도 담대합니다. "나는 부활이요 생명이니 나를 믿는 자는 죽어도 살겠고"(요 11:25)

● 인간을 불안하게 하는 것들이 이처럼 많습니다. 그럼에도 불구하고 하나님의 사람은 평안을 누릴 수 있습니다. "두려워하지 말라 내가 너와 함께 함이라."(사 41:10)

【명언】
● 떠날 때가 되었으니, 이제 각자의 길을 가자. 나는 죽기 위해서, 당신들은 살기 위해, 어느 편이 더 좋은지 오직 신만이 알뿐이다. (소크라테스)
● The hour of departure has arrived, and we go our ways - I to die, and you to live. Which is better God only knows. (Socrates)

【묵상】 불안 할 때 어떻게 하십니까?

불안할 때 어떻게 합니까?

● 신경안정제를 찾기도 하고, 술을 마시거나 담배를 피우며 게임에 탐닉하기도 합니다. 때로 마약이나 도박 등에 빠져 모든 것을 잊어버리려고 하지만 이런 행동이 근본적 해결책은 아닙니다.

● 약을 먹기도 하는데, 신약과 구약이 명약입니다. "내가 기근을 땅에 보내리니 양식이 없어 주림이 아니며 물이 없어 갈함이 아니요 여호와의 말씀을 듣지 못한 기갈이라."(암 8:11)

● 성령의 도우심을 받아야 합니다. 술에 취하면 두려움이 없어지듯이 성령에 취하면 담대해집니다. "술 취하지 말라 이는 방탕한 것이니 오직 성령으로 충만함을 받으라."(엡 5:18)

● 욕심을 버려야 합니다. 사람이 자신의 욕심을 조금만 줄여도 불안을 크게 줄일 수가 있습니다. "오직 각 사람이 시험을 받는 것은 자기 욕심에 끌려 미혹됨이니"(약 1:14)

● 기도해야 합니다. "모든 일에 기도와 간구로, 너희 구할 것을 감사함으로 하나님께 아뢰라 그리하면 모든 지각에 뛰어난 하나님의 평강이 그리스도 예수 안에서 너희 마음과 생각을 지키시리라."(빌 4:6-7)

【명언】
● 걱정으로부터 자기를 해방시켜라. 그것이 마음의 평화를 얻는 가장 가까운 길이다. (데일 카네기)
● Make liberate themselves from worry, that's the closest way to get peace of mind. (Dale B. Carnegie)

【묵상】 불안을 해소하는 방법은 무엇입니까?

상한 감정

삼나무의 절단면을 보면 해마다 나무가 성장한 기록을 나타내주는 나이테가 있다. 식물학자들에 의하면 가뭄이 들었을 때와 비가 많이 왔을 때의 나이테가 다르다고 한다. 번개를 맞았을 때와 정상적으로 성장했을 때의 나이테도 다르다. 불이 나서 나무가 거의 죽게 되었을 때와 사나운 병충해와 질병이 유행했을 때의 나이테 역시 구별할 수 있다. 즉 나이테를 보면 그 나무의 성장과정을 알 수 있다.

사람도 마찬가지이다. 가면을 쓴 것처럼 잘 감추어진 우리의 외적 모습

내면에 인생의 나이테가 기록되어 있다. 성장하면서 받았던 인생의 가슴 아픈 상처는 오랫동안 마음속에 남아 있는 데 그것이 인생의 나이테이다. 우리의 생각과 감정의 나이테 속에 모든 기억들이 생생하게 기록으로 남아 있다. 그리고 그 기록들은 우리의 사고와 감정과 대인관계의 영역 속으로 직접적으로, 깊게 현재의 삶에 영향력을 미친다. 그 영향력은 인생에 대한 것이나 하나님을 향한 태도와 내가 다른 사람을 보는 태도에서 자연스럽게 나타난다.

설교자들이 심어주는 잘못된 생각중의 하나는 성령이 충만하게 되면 이러한 정서적인 문제들이 자동적으로 해결된다고 말한다. 사실은 그렇지 않다. 예수 그리스도를 만나는 극적인 경험이 아주 귀중하고 영원한 가치가 있는 것은 사실이지만 정서적으로 입은 상처가 순간에 사라지지는 않는다. 마음의 상처라는 정서적인 문제의 해결에는 어느 정도 시간이 걸린다.

● 상한 감정의 치유, 데이빗 A. 씨맨즈

"마음이 상한 자에게 노래하는 것은 추운 날에 옷을 벗음 같고 소다 위에 식초를 부음 같으니라 네 원수가 배고파하거든 음식을 먹이고 목말라하거든 물을 마시게 하라"(잠 25:20-21)

상처가 없는 사람은 없습니다.

● 현대인은 찌그러진 콜라 캔처럼 숱한 상처를 받고 살아가고 있습니다. 상처 없이 살아가는 사람이 과연 얼마나 될까요? 예수님도 이 세상에서 많은 상처를 받았습니다.

● 육체의 상처가 있습니다. 죽을 때까지 수많은 위험 속에 노출되어 있는 것이 인간입니다. 육체의 상처와 질병을 통해서 겸손해지기도하고 하나님께 나아오기도 합니다.

● 마음의 상처가 있습니다. 몸이 상하면 병원에 가듯 마음이 아플 때 주님의 치유와 위로가 필요합니다. "상심한 자들을 고치시며 그들의 상처를 싸매시는도다."(시 147:3)

● 영혼의 상처가 있습니다. 사탄은 영혼에 상처를 주는 존재입니다. 그러나 하나님은 상한 심령을 찾아 위로하고 치유하십니다. "하나님께서 구하시는 제사는 상한 심령이라."(시 51:17)

● 상처로 인하여 하나님을 떠나는 사람도 있고, 그 상처 때문에 하나님께 더 가까이 나가는 사람이 있습니다. 상처에 대한 태도가 나의 인생을 결정합니다.

【명언】
● 하나님은 당신의 메달이나 학위 혹은 졸업장이 아니라, 당신의 상처를 보신다 (폴 홀드크레프트)
● God sees not your medal or a degree or diploma, but your wounds. (Paul Holdcraft)

【묵상】 내게 가장 큰 상처는 무엇이었습니까?

상처를 어떻게 하세요?

● 감추어 두는 사람이 있습니다. 상처는 숨긴다고 해결되는 것이 아닙니다. 아프더라도 노출시켜 치료를 받아야 합니다. 감추고 억압하면 악순환의 고통만 더 할뿐입니다.

● 상처를 준 자에게 복수하기도 합니다. 복수는 또 다른 상처를 낳고 악순환만 거듭되며 근본적 해결책이 아닙니다. "악에게 지지 말고 선으로 악을 이기라."(롬 12:21)

● 하나님을 원망하기도 합니다. 어리석은 행동입니다. "어떤 사람들이 원망하다가 멸망시키는 자에게 멸망하였나니 너희는 그들과 같이 원망하지 말라."(고전 10:10)

● 자신을 돌아보는 기회로 삼기도 합니다. 아무리 사소한 상처라도 의미가 있습니다. 그러므로 자신을 돌아보고 상대방 입장을 생각할 때에 보다 더 성숙하게 됩니다.

● 하나님께 가지고 나오는 사람이 있습니다. 어떤 상처라도 치유함을 받을 수 있습니다. "치료하는 광선을 비추리니 너희가 나가서 외양간에서 나온 송아지 같이 뛰리라."(말 4:2)

【명언】
● 나의 삶이 밝을 때도 어두울 때도, 나는 결코 인생을 욕하지 않겠다. (헤르만 헤세)
● When my life is sometimes dark, and bright, I will never revile life. (Hermann Hesse)

【묵상】 상처를 받았을 때에 어떻게 하십니까?

상처받은 치유자

● 속이 좁은 사람들은 사소한 것 때문에 많은 상처를 입습니다. 그러나 마음이 넓고 건강한 사람은 비록 상처가 된다고 하더라도 그것을 쉽게 회복할 수 있습니다.

● 상처를 입어도 그것을 영광의 상처로 여기는 사람도 있습니다. 바울은 복음을 전하다 받은 상처를 훈장으로 생각했습니다. "내가 내 몸에 예수의 흔적을 지니고 있노라."(갈 6:17)

● 진주는 조개껍질 안에 이물질이 들어와 상처를 줄 때 자신을 보호하는 물질을 내어 그것을 감싸버립니다. 이렇게 시간이 지나면서 한 겹씩 쌓여서 마침내 진주가 됩니다.

● 예수는 자신에게 상처를 준 모든 이를 감싸버린 진주이자, 상처받은 치유자입니다. 상처 때문에 힘들고 고통스러워도 그 상처로 인해 진주가 되기도 합니다.

● 자신을 십자가에 처형하는 자들을 위해 기도하신 예수님이야말로 상처받은 치유자이셨습니다. "아버지 저들을 사하여 주옵소서 자기들이 하는 것을 알지 못함이니이다."(눅 23:34)

【명언】
● 눈에는 눈을 고집한다면 모든 세상 사람의 눈은 멀게 될 것이다. (마하트마 간디)
● An eye for an eye makes the whole world blind. (Mahatma Gandhi)

【묵상】 상처를 진주처럼 승화시킨 사례가 있습니까?

안녕감

현대인들은 신체적 웰빙(well-being)에 많은 관심을 가지고 있다. 건강에 좋은 음식이나 운동에 관심이 있고 또한 건강에 관련된 문화생활이 점점 보편화되어 가고 있다. 이와 같은 신체적 안녕감에 대한 관심에 비해, 심리적 안녕감에 대한 관심과 열기는 다소 아쉽다. 건강한 삶을 위해서는 신체적 안녕감과 더불어 심리적 안녕감이 필요하기 때문이다. 자기결정이론에 의하면, 심리적 안녕감은 인간에게 기본적으로 존재하는 심리적 욕구들의 충족과 밀접한 관계가 있음을 보여준다. 인간에게는 다양한 심리적인 욕구의 유형이 있다. 하지만 그 중에서도 자율성, 유능성, 친교성을 경험하고자 하는 욕구들은 개인의 심리적 안녕감에 매우 중요한 심리적 영양소로 작용한다.

자율성(autonomy)의 경험은 통제적 경험에 대한 반대의 개념으로 사람들은 타율에 의존하기보다는 삶의 능동적 주체자로서의 자신의 삶을 영위해 나가려는 개인의 욕구이다. 이러한 욕구가 좌절될 때 인간은 무기력함과 분노, 스트레스 등의 부정적인 심리적 경험으로 연결된다. 유능성(com-petence)의 경험 또한 심리적 안녕감에 중요한 요인이다. 개인은 자신의 잠재력과 능력을 개발하고, 부여된 과제나 업무를 효과적이고 성공적으로 수행할 때 느끼는 심리적 만족감이다. 이러한 경험이 좌절될 때 열등감과 부정적 정서를 경험한다. 친교성(relatedness)에 대한 욕구 충족도 삶을 행복하게 이끄는 또 다른 심리적 기반으로 작용한다. 친교에 대한 욕구가 좌절될 때 인간은 심리적 안녕감이 저하된다.

"평안을 너희에게 끼치노니 곧 나의 평안을 너희에게 주노라 내가 너희에게 주는 것은 세상이 주는 것과 같지 아니하니라 너희는 마음에 근심하지도 말고 두려워하지도 말라"(요 14:27)

안녕하십니까?

● 빈부귀천, 남녀노소 할 것 없이 요즘 안녕하지 못하다고 난리입니다. 예전보다 소득도 높아졌고, 민주화도 되었고 오래 살 수 있지만 여전히 안녕하지 않다고 합니다.

● 사람들이 안녕하지 못한 이유는 '갑'은 갑의 입장에서, '을'은 을의 입장에서만 생각하기 때문입니다. 이러한 두 집단의 욕망이 충돌하기 때문에 안녕하지 못하게 됩니다.

● 탐욕과 이기심이 충돌하는 한 어느 누구도 결코 안녕할 수 없습니다. "평안을 너희에게 주노라 내가 너희에게 주는 것은 세상이 주는 것과 같지 아니하니라."(요 14:27)

● 안녕하지 못하다고 아우성치는 사람들을 향해 예수님께서 말씀하십니다. "수고하고 무거운 짐 진 자들아 다 내게로 오라 내가 너희를 쉬게 하리라."(마 11:28)

● 그러나 거듭난 크리스천은 감옥 속에서도 안녕하다고 말할 수 있는 자입니다. 주님이 함께 하기 때문입니다. "어떠한 형편에든지 나는 자족하기를 배웠노니"(빌 4:11)

【명언】
● 욕망은 인간의 본질이다. (B. 스피노자)
● Desire is the essence of a man. (Baruch Spinoza)

【묵상】 안녕하지 못한 이유는 무엇일까요?

어떤 안녕감을 원하십니까?

● 어려운 환경에도 안녕감을 누리며 사는 사람이 있고, 좋은 여건 속에도 안녕하지 못하다고 하는 사람이 있습니다. 안녕감은 삶에 대한 주관적인 만족도입니다.

● 신체적 안녕감은 몸이 건강할 때 느낍니다. 그러나 헬렌켈러는 삼중고의 고통 속에서도 평안함을 누렸습니다. 육안은 닫혔으나 영안이 열렸기 때문이었습니다.

● 심리적 안녕감은 환경이 좋을 때 누리는 행복감입니다. 그러나 스데반은 돌에 맞아 죽으면서도 천사의 얼굴이었고 바울은 감옥에서도 기뻐했습니다(빌 4:4).

● 영적 안녕감은 죄와 죽음의 문제가 해결이 되었을 때 누리는 영적 자유입니다. "진리(예수 그리스도)를 알지니 진리가 너희를 자유롭게 하리라."(요 8:32)

● 안녕감은 기도하는 자에게 주시는 하나님의 은혜입니다. (빌 4:7) "사방으로 우겨 쌈을 당하여도 싸이지 아니하며 답답한 일을 당하여도 낙심하지 아니하며"(고후 4:8)

【명언】
● 평화는 너무나 값진 보석과 같아서 그것을 위해서라면 진실을 제외한 모든 것을 다 내 놓겠다. (매튜 헨리)
● Peace is too precious like a jewel, I will put out everything except the truth for that. (Matthew Henry)

【묵상】 모든 면에서 안녕하십니까?

나만 안녕하면 될까요?

● 탁월한 사업수완으로 승승장구하던 변호사가 뜻하지 않는 사건에 휘말린 약자의 형편을 듣고, 온갖 정치적 협박 속에서도 그 사람의 안녕을 위해 변호했던 '변호인'이라는 영화에 큰 감동을 받았습니다.

● 예수께서 이 세상에 오신 것은 죄로 인해서 안녕하지 못한 사람들에게 하늘의 평안을 주시기 위함입니다. "수고하고 무거운 짐 진 자들아 다 내게로 오라 내가 너희를 쉬게 하리라."(마 11:28)

● 성탄의 진정한 의미는 죄로 인해 고통을 받으며 안녕하지 못한 인간을 구원하여 육체적, 심리적, 영적 안녕감을 주기 위해 예수님께서 이 땅에 오신 날입니다.

● 예수님은 단지 나와 몇 사람의 안녕만을 위해서 오신 것이 아닙니다. "하나님은 모든 사람이 구원을 받으며 진리를 아는 데에 이르기를 원하시느니라."(딤전 2:4)

● 우리 주변에는 여전히 안녕을 누리지 못하는 사람들이 많이 있습니다. 그들이 안녕하도록 전도할 책임이 나에게 있습니다. 행함이 없는 믿음은 죽은 것입니다(약 2:26)

【명언】
● 평화란 싸움이 없는 것이 아니고, 그것은 영혼의 힘으로부터 생기는 미덕이다. (B. 스피노자)
● Peace is not that there is no fight, it is the virtue arising from the power of the soul. (Baruch Spinoza)

【묵상】 이웃의 안녕을 위해 무엇을 할 수 있을까요?

위기감

위기는 한 번의 극적인 상황 때문에 올 수도 있고, 아주 오랜 시간 조그마한 상처들이 조금씩 쌓여 생기기도 한다. 위기는 우리에게 깊은 상처를 주고 자신에 대한 감정도 완전히 바꾸어 놓는다. 그리고 적절히 대처할 수 있는 능력을 완전히 망가뜨리기도 한다. 위기는 부분적으로 오지만, 그것은 우리의 삶의 모든 부분에 영향을 미치므로 심각한 변화를 가져온다. 예를 들어, 직장을 잃게 되는 위기가 왔을 때 그것은 생계에만 영향을 미치는 것이 아니라, 대인관계 및 삶의 모든 부분에 크든 작든 영향을 미친다.

위기의 순간을 축복의 기회로 바꿀 수 있다면, 우리는 그때마다 새로운 삶을 선물로 받게 된다. 위기는 내면의 삶을 새롭게 조명하고 창조할 수 있도록 한다. 위기는 우리를 자극해서 자신의 인생에 관여했던 사람들과 사건들을 다른 눈으로 보게 한다. 위기는 현상유지를 하면서 불만족스럽게 사는 대신 기쁨이 넘쳐나는 성공적인 삶으로 이끌려는 것이다.

위기는 두 가지 결과를 가져온다. 첫째, 당신을 기쁨과 생명력, 창조와 성공으로 데려다 주는 데 아주 효율적인 역할을 한다. 둘째, 위기는 당신을 무기력하게 만들고 파괴적으로 만들며 자신과 세상에 대해 가지고 있던 믿음을 근원적으로 무너뜨리기도 한다. 이러한 두 결과의 차이는 위기의 내용에 따라 좌우되는 것이 아니라, 그 위기를 어떻게 받아들이고 반응하는가의 태도에 따라 결정된다.

● 위기의 심리학, 로라데이, 채인영 역

"우리가 환난 당하는 것도 너희가 위로와 구원을 받게 하려는 것이요 우리가 위로를 받는 것도 너희가 위로를 받게 하려는 것이니 이 위로가 너희 속에 역사하여 우리가 받는 것 같은 고난을 너희도 견디게 하느니라"(고후 1:6)

현대인의 위기

● 참된 만남이 없는 것이 위기입니다. 물질적인 풍요는 있지만 참 만남의 부재로 심리적 고통이 갈수록 증대되고 있습니다. 참 만남이 있다면 어떤 위기도 극복할 수 있습니다

● 병든 사회의 구조가 위기입니다. 정치, 경제, 사회, 교육, 문화, 종교 등에서 정의롭지 못한 제도와 관습이 개인과 가정과 사회를 병들게 하는 것도 큰 위기입니다.

● 자연 생태계의 파괴가 위기입니다. 인간은 자연을 떠나서는 살아갈 수 없습니다. 자연 생태계를 보호하지 않고 파괴하는 것도 인류에게 있어서 커다란 위기가 됩니다.

● 하나님을 떠난 것이 위기입니다. 아버지를 떠난 탕자와 같이 인간이 하나님을 떠나게 되는 것이 불행이자 위기의 원인입니다. "여호와를 가까이 함이 내게 복이라."(시 73:28)

● 위기를 어떻게 대처하느냐에 따라 성장의 기회가 될 수 있습니다 "나의 생명이 항상 위기에 있사오나 나는 주의 법을 잊지 아니하나이다."(시 119:109)

【명언】
● 기회가 왔을 때 잡을 준비가 되어 있는 것, 그것이 바로 성공의 비결이다. (벤자민 디즈레일리)
● The secret to success is to be ready when opportunity comes. (Benjamin Disraeli)

【묵상】 개인적으로 어떤 위기가 있었습니까?

위기란 무엇인가?

● 낙심과 좌절을 가져 오게 합니다. 엘리야는 자기를 죽이려는 이세벨을 피해 로뎀나무 아래서 죽기를 자청했습니다. 능력의 선지자도 잠시 낙심할 수 있습니다(왕상 19장).

● 분노와 원망을 하게 합니다. 자기 실수로 초래된 위기를 하나님께 원망하기도합니다. "사람이 미련하므로 자기 길을 굽게 하고 마음으로 여호와를 원망하느니라."(잠 19:3)

● 성장의 기회가 되기도 합니다. 악인의 위기는 심판이지만, 의인은 위기를 통해 성장합니다. "의인은 종려나무 같이 번성하며 레바논의 백향목 같이 성장하리로다."(시 92:12)

● 축복의 과정이기도 합니다. 요셉이 애굽의 종으로 팔려가는 위기 상황은 결과적으로 애굽의 재상이 되는 축복의 과정이었습니다. 하나님이 함께 하므로 형통했습니다(창 39:2).

● 사람은 위기를 통해서 넘어지기도 하지만, 인생의 풍랑과 위기를 통해서 더 큰 사람이 되기도 합니다. 중요한 것은 그러한 위기를 내가 어떤 시각을 가지고 대처할 것인가 입니다.

【명언】
● 모든 덕 가운데서 가장 강하고 고결하고 자랑스러운 것은 진정한 용기이다. (M. 몽테뉴)
● The most noble, strong and proud all the virtues is the true courage. (Michel de Montaigne)

【묵상】 위기 상황에서 어떻게 대처하십니까?

위기는 곧 기회입니다.

● 요셉의 위기: 애굽의 종으로 팔려갈 때 그의 꿈은 무산되는 것 같았지만, 애굽으로 갔기 때문에 그의 꿈은 이루어졌습니다. 위기가 곧 꿈을 이루는 기회가 되었습니다(창 50:18).

● 모세의 위기: 살인죄를 저질러서 광야로 도망을 가게 되었지만, 모세는 그곳에서 이스라엘을 애굽에서 구원할 영적인 사명을 받아 이스라엘의 지도자가 되었습니다(출 3:10).

● 출애굽의 위기: 앞에는 홍해가 막혀 있고, 뒤에는 바로의 군대가 쫓아오는 위기 가운데서 하나님은 홍해를 가르는 기적으로 이스라엘을 해방시켰습니다(시 136:13).

● 모르드개의 위기: 하만의 음모로 죽을 위기에 처했지만, 하나님께서 상황을 역전시켜 모르드개를 높이고 오히려 하만이 나무에 달려 죽게 됩니다(에 7:10).

● 놀라운 기적이 일어나기까지 순간순간 위기의 과정이 있습니다. 중요한 것은 그때마다 하나님이 개입하시면 어떤 위기라도 역전시켜 기회로 만든다는 사실입니다.

【명언】
● 준비와 기회의 결합은 행운이라는 이름의 자손을 낳는다. (엔서니 로빈스)
● The meeting of preparation with opportunity generates the offspring we call luck. (Anthony Robbins)

【묵상】 위기가 기회가 된 사례가 있습니까?

열등감

현대인들 중에 많은 사람들이 열등감을 느끼며 살고 있다. 과거와는 다른 풍요로운 삶을 누리고 있으면서도, 불안감을 떨치지 못하는 것은 모든 것이 풍족하지만 그것을 내 소유로 삼을 수 있는 능력이 부족하기 때문이다. 사회가 거대해지고 복잡하게 변해갈수록 비교와 경쟁은 심해지고, 가진 자와 못가진 자, 아는 자와 모르는 자, 힘 있는 자와 힘 없는 자의 격차는 더욱 벌어진다. 생존경쟁의 현장에서 낙오가 될지도 모른다는 불안감과 열등감이 마음속에 자리 잡고 있다.

이러한 열등감은 쉽사리 외부로 나타나지 않으며, 자신의 성격, 환경, 경험에 영향을 받을 때 방어기제로 외부에 나타난다. 즉 자기 자신을 경멸하거나 부족하다고 느끼는 마음이 보상적인 우월감으로 변형되어 자신의 속성과 같은 남의 허물을 비난하고, 상대방을 무시하는 태도를 갖거나, 없으면서도 있는 척 허세를 부림으로 자신의 열등감을 감추려고 한다.

방어기제가 어느 방향으로 향하든 자학감이 해결되지 않으면 현실 적응이 어렵고, 자기중심적인 생각으로 모든 일에 편견을 갖고 판단하며, 극단적이고 고통스러운 감정으로 전반적인 생활에 심각한 문제를 초래한다. 실제적으로 모든 일을 훌륭히 해 내지만 늘 열등감을 가지고 있으면, 병적인 방어기제가 나타나서 사고와 감정과 행동이 왜곡되어 엉뚱한 생각, 적절치 못한 감정, 이해할 수 없는 행동을 하게 된다.

● 열등감과 정신질환, 차준구

"오 주여 보낼 만한 자를 보내소서 여호와께서 모세를 향하여 노하여 이르시되 레위 사람 네 형 아론이 있지 아니하냐 그가 말 잘 하는 것을 내가 아노라 그가 너를 만나러 나오나니 그가 너를 볼 때에 그의 마음에 기쁨이 있을 것이라"(출 4:13-14)

열등감은 누구에게나 있다.

● 심리학자 고든 올포트의 연구 조사에 의하면 대학생의 90% 정도가 신체적, 사회적, 지적, 및 도덕적으로 열등감을 가지고 있는 것으로 나타났습니다.

● 지도자 모세도 열등감이 있었습니다. 하나님이 모세를 출애굽의 지도자로 삼으려 할 때에 거절했습니다. "모세가 이르되 오 주여 보낼 만한 자를 보내소서."(출 4:13)

● 야곱의 아내 라헬도 열등감이 있었습니다. 라헬은 레아와 달리 자녀를 갖지 못했기 때문이었습니다. "내게 자식을 낳게 하라 그렇지 아니하면 내가 죽겠노라."(창 30:1)

● 삭개오도 열등감이 있었습니다. 세리라는 신분과 키 작은 것이 열등감이었지만 예수를 만나 인생이 바뀌었습니다. "내가 오늘 네 집에 유하여야 하겠다."(눅 19:5)

● 열등감 때문에 위축되거나 좌절하기도 하지만, 열등감을 잘 승화시키거나 하나님을 더 의지하기도 합니다. 열등감에 대처하는 나의 자세가 중요합니다.

【명언】
● 적어도 이 세상에서 살고 있는 사람의 95%는 열등감을 가지고 산다. (맥스웰 말츠)
● At least 95% of the people living in this world live with a sense of inferiority. (Maxwell Maltz)

【묵상】 어떤 때에 열등감을 느낍니까?

열등감은 어디에서 오는가?

● 부모의 양육태도가 중요합니다. 부모의 충분한 사랑을 받지 못하면 자신을 무가치하게 생각하고, 과보호는 수동적이고 의존적으로 만들며 오히려 열등감에 빠지게 합니다.

● 열등감은 계속 실패할 때 옵니다. 노력에 대한 결과가 보이지 않을 때 무기력해 집니다. "선을 행하되 낙심하지 말지니 포기하지 아니하면 때가 이르매 거두리라."(갈 6:9)

● 열등감은 비교할 때 오기도 합니다. 루이스는 사탄이 현대인의 인격과 의식을 파괴하기 위해 사용하는 가장 큰 무기는 '비교의식'이며 열등감의 배후세력이라고 했습니다.

● 열등감은 과거에 받았던 어떤 상처 때문에 생길 수 있습니다. 상처를 준 것이 사람의 말이나 행동일수도 있고, 어떤 사건일수도 있습니다. 그러나, 그것을 바라보는 나의 관점이 더 중요합니다.

● 하나님을 믿는 신앙으로 열등감을 극복하는 것은 축복이지만, 사탄은 열등감을 통해 끊임없이 우리의 삶을 파괴하려고 합니다. "믿는 자에게는 능히 하지 못할 일이 없느니라."(막 9:23)

【명언】
● 열등감을 거만과 오만으로 포장하게 되면, 열등감은 더욱 깊어진다. (말콤 포브스)
● When packing an inferiority complex to arrogance and insolence, inferiority becomes deeper. (Malcolm Forbes)

【묵상】 열등감을 느낄 때 어떻게 합니까?

열등감을 어떻게 극복할까?

● 나를 있는 그대로 받아들여야 합니다. 긍정적 자기 용납이 중요합니다. "우리는 진흙이요 주는 토기장이시니 우리는 다 주의 손으로 지으신 것이니이다."(사 64:8)

● 생각의 방향을 바꾸어야 합니다. "왜 나만 이런가?"라는 생각에서 "내가 지금 어떻게 할까"로 바꾸어야합니다. "너희 마음에 무슨 생각을 하느냐"(눅 5:22)

● 나만의 재능을 발견해야 합니다. "각각 그 재능대로 한 사람에게는 금 다섯 달란트를, 한 사람에게는 두 달란트를, 한 사람에게는 한 달란트를 주고 떠났더니"(마 25:15)

● 열등감을 승화한 사람을 통해서 열등감을 극복하는 방법을 배웁니다. "내가 그리스도를 본받는 자가 된 것 같이 너희는 나를 본받는 자가 되라."(고전 11:1)

● 하나님의 시각으로 나를 보면 문제가 되지 않습니다. 하나님은 나를 천하보다 귀한 소중한 존재로 보십니다. "모세가 났는데 하나님 보시기에 아름다운지라."(행 7:20)

【명언】
● 나는 작은 기쁨들을 좋아한다. 그것들은 열등감을 막는 최후의 보루이다. (오스카 와일드)
● I like a little joy. They are the last bastion of preventing an inferiority complex. (Oscar F. Wilde)

【묵상】 열등감을 어떻게 극복하십니까?

열정감

    열정이란 무언가에 익숙해지면서 재미를 느끼는 과정을 통해서 생기며, 노력을 통해 뭔가를 성취하게 될 때에 열정이 점점 강렬해 진다. 열정과 집착은 차이가 있다. 열정의 사전적 정의는 "어떤 일에 열렬한 애정을 가지고 열중하는 마음"이다. 자신의 일과 삶 그리고 타인에 대해서 열정을 가지고 살아간다는 것은 아름다운 일이다. 열정은 삶의 가장 높은 동기이며, 누가 보든지 보지 않든지 간에, 또한 결과에 상관이 없이 어떤 행위 자체를 즐기며 열심히 살게 만드는 원동력이다.

이에 비해 집착은 억지로 노력하는 것이다. 자신에게 잘 맞지도 않은 옷을 억지로 입으려는 것처럼, 될 수 없는 것을 자기 뜻대로 만들려고 애쓰는 것이며, 그렇게 함으로서 심리적 안정감을 얻으려고 하는 일종의 강박이다. 열정과 집착이 겉으로 나타나 보기에는 크게 구별이 되지 않을 수도 있지만, 에너지의 성질과 목적 자체가 아주 다른 것이다.

사람들은 뛰어난 운동선수나 창의적인 인물들이 어릴 때부터 그 분야에서 남다른 열정을 보여 온 것으로 알고 있으나 그것은 오해이다. 교육심리학자 벤저민 블룸이 뛰어난 피아노 연주자들의 어린 시절을 조사해 보았다. 그 결과 그들의 다수는 어릴 때부터 피아노에 열정을 가진 아이들이 아니라 마지못해 연습했던 아이들이었다. 그러나 연습을 통해서 점차 실력이 향상되면서 어느 순간부터 재미를 느끼게 되었다. 이처럼 열정은 기본적으로 시간과 노력을 통한 향상이 필요한 것이다. 그렇다고 늘 열정적인 삶을 살 수만은 없다. 쉼도 필요하다.

"오직 성령이 각 성에서 내게 증언하여 결박과 환난이 나를 기다린다 하시나 내가 달려갈 길과 주 예수께 받은 사명 곧 하나님의 은혜의 복음을 증언하는 일을 마치려 함에는 나의 생명조차 조금도 귀한 것으로 여기지 아니하노라"(행 20:23-24)

열정은 어디에서 오는가?

● 하나님은 열정의 근원이 되십니다. 그러므로 하나님의 형상을 따라 지음을 받은 인간도 열정이 있습니다. "만군의 여호와의 열심이 이를 이루시리이다."(사 37:32)

● 열정은 탄생의 선물입니다. 태어날 때 36.5도의 체온이 유지되듯이 하나님은 인간에게 세상을 살아갈 수 있는 열정도 겸하여 주셨습니다. 열정은 하나님의 선물입니다.

● 내향적인 사람은 통찰을 통해 열정이 충전됩니다. 하나님이 각자에게 주신 열정의 선물을 어떻게 관리하고 사용할 것인가는 전적으로 나의 책임입니다.

● 칭찬과 격려는 열정에 불을 붙이는 도구입니다. 반면 열정적인 사람도 칭찬과 격려 대신 비난과 책망을 받게 되면 열정이 사라지고 무기력해지게 됩니다.

● 열정은 성령의 역사입니다. 성령이 충만했던 사도 바울은 주님께 받은 사명을 감당하기 위해 목숨도 아깝게 여기지 않을 정도의 열정으로 사명을 감당했습니다(행 20:24).

【명언】
● 인간은 살아있기 위해 무언가에 대한 열망을 간직해야 한다. (마가렛 딜란드)
● One must desire something to be alive. (Margaret Deland)

【묵상】 나에게는 어떤 열정이 있습니까?

열정의 방향

● 열정이 없는 삶은 죽은 것이나 마찬가지입니다. 더욱 불행한 것은 자신의 열정을 부정적이거나 비생산적인 일에 낭비하며 사는 것입니다. 열정의 방향이 중요합니다.

● 빗나간 열정이 있습니다. 상대방을 비난하거나 복수하는데 온 힘을 쏟거나, 우상을 숭배하거나 하나님을 대적하는 일에 물질과 시간과 정력을 허비하는 것입니다.

● 쾌락의 열정이 있습니다. 몸과 마음을 즐겁게 하는 일에만 정신이 팔려 있는 사람들입니다. 솔로몬 왕은 쾌락을 추구했던 삶을 헛되고 헛되다고 했습니다(전 1:2-3).

● 자아실현의 열정이 있습니다. 솔로몬은 매사에 열정을 가졌으나 만족을 누리지 못했습니다. "내가 해 아래에서 한 모든 수고에 대하여 내가 내 마음에 실망하였도다."(전 2:20)

● 거룩한 열정이 있습니다. "나는 유대인으로 다소에서 났고...오늘 너희 모든 사람처럼 하나님께 대하여 열심히 있는 자라."(행 22:3) "열심을 품고 주를 섬기라."(롬 12:11)

【명언】
● 이 세상에 열정이 없이 이루어진 위대한 것은 없다. (게오르규 빌헬름)
● Nothing great in the world has been accomplished without passion. (Gheorghiu Wilhelm)

【묵상】 나의 열정은 어디로 향하고 있습니까?

무기력한 이유

● 학습된 무기력이 있습니다. 반복되는 실패와 좌절이 무기력하게 만듭니다. "우리가 선을 행하되 낙심하지 말지니 포기하지 아니하면 때가 이르매 거두리라."(갈 6:9)

● 비난과 책망이 무기력하게 합니다. 칭찬은 고래도 춤을 추게 하지만, 비난은 천재를 바보로 만듭니다. 비난과 꾸중에 익숙할수록 자녀를 무기력하게 만듭니다.

● 목표가 상실되면 무기력합니다. 열망을 실현하기 위해 명확한 계획을 세우는 일이 필요합니다. 바울은 푯대를 향하여 달려가는 열정적인 삶을 살았습니다(빌 3:14).

● 영적 슬럼프가 오면 무기력합니다. 하나님과 영적 교제가 단절되면 열정이 식어질 수밖에 없습니다. 기도는 열정을 불러 일으키는 불꽃입니다. "쉬지 말고 기도하라."(살전 5:17)

● 열정과 끈기는 보통 사람을 뛰어나게 만들고, 무관심과 무기력은 비범한 이를 보통 사람으로 만듭니다. 열정은 영혼을 살리지만, 무기력은 생명을 죽입니다.

【명언】
● 가장 하기 힘든 일은 아무 일도 안하는 것이다. (유대 격언)
● The hardest work is to go idle. (Jewish proverb)

【묵상】 무기력할 때 어떻게 하십니까?

외로움

외로움에 대한 초기의 과학적 서술은 정신분석에서 시작되었다. 정신분석에서는 외로움을 병리적으로 간주하는 부정적인 시각을 보인 반면에 실존주의에서는 외로움에 대한 긍정적인 시각을 보인다. Applebaum(1978)은 각 개인이 개별적인 존재라는 것을 깨달을 때에 외로움을 느끼게 되며, 이를 통해서 개인의 자율성이 더 커지게 되고 자아통합의 수준이 높아진다고 보았다. Moustakas(1972)는 외로움을 통해 존재의 의미와 타인과의 관계의 본질을 깨닫게 되어 자기 자신과 타인을 더 잘 이해할 수 있게 된다고 하는 등, 외로움을 하나의 긍정적인 경험으로 간주한다.

Sullivan(1953)은 인간은 사회적 접촉과 타인과의 상호작용에 대한 욕구를 지니는데, 외로움은 어린 시절의 해소되지 못한 친밀감의 욕구가 충분히 만족되지 않았을 때, 발생한다고 보았다. Weiss(1973)는 외로움을 정서적 외로움과 사회적 외로움으로 구분했다. 정서적 외로움은 대인 관계망의 근접 여부와 상관없이 혼자임을 느끼게 되는 감정 상태로 애정적 지원을 줄 수 있는 중요한 애착 대상의 부재로 인한 외로움을 말하며, 공허함, 무기력감 등을 느끼게 된다. 사회적 외로움은 개인이 원하는 사회적 관계망에 접근할 수 없고, 그런 관계망에서 오는 사회적 통합감이나 공동체감이 부족할 때 생겨나는 사회적 고립이다. 외로움을 느끼게 하는 개인 내적요인으로는 낮은 자존감, 부정적이고 비하적인 자기 지각, 애착 유형, 거절 민감성, 내면화된 수치심, 초기 부적응 도식 등과 관련된다.

"예수께서 가까이 이르러 그들과 동행하시나 그들의 눈이 가리어져서 그인 줄 알아보지 못하거늘 예수께서 이르시되 너희가 길 가면서 서로 주고받고 하는 이야기가 무엇이냐 하시니 두 사람이 슬픈 빛을 띠고 머물러 서더라"(눅 24:15-17)

외로움의 고통

● 하나님이 아담에게 하와를 배필로 준 것은 외로움 때문이었습니다. "사람이 혼자 사는 것이 좋지 아니하니 내가 그를 위하여 돕는 배필을 지으리라."(창 2:18)

● 고독과 외로움은 세상에서 가장 무섭고 괴로운 고통 가운데 하나입니다. 아무리 격심한 공포라도 모두가 함께 있으면 견딜 수 있으나 고독은 죽음과 같은 것입니다.

● 현대인들은 과거보다 더 많은 사람들과 교류를 하면서도 외로움을 느끼며 살고 있습니다. "내가 밤을 새우니 지붕 위의 외로운 참새 같으니이다."(시 102:7)

● 베이컨은 최악의 고독은 한 사람의 친구도 없는 것이라고 했습니다. 또한 앙드레 지드는 단지 하나님과 함께 있을 때만이 고독을 견뎌낼 수 있다고 했습니다.

● 하나님이 늘 나와 함께 하심을 믿는 자는 결코 외롭거나 우울하지 않습니다. "볼지어다 내가 세상 끝 날까지 너희와 항상 함께 있으리라 하시니라."(마 28:20)

【명언】
● 서운함과 우울함의 손쉬운 해결은 바로 일어나서 움직이는 것이다. 육체적으로 움직이고, 행동을 하라. (피터 맥윌리엄스)
● The simple solution for disappointment and depression; get up & get moving. Physically move. Do. Act. (P. McWilliams)

【묵상】 외롭다고 느낄 때는 언제입니까?

외로울 땐 어떻게 하십니까?

● 물질에 의존하기도 합니다. 술을 찾거나 마약을 찾기도 하지만 깬 후에는 더 공허하고 후회만 남습니다. 습관화가 되면 중독이 되어 점점 더 불행의 늪에 빠지게 됩니다.

● 취미생활에 집중하기도 합니다. 외로움을 잊으려고 운동을 하거나 노래를 듣기도 하지만 그때뿐입니다. 산책을 하면서 자신을 돌아보며 철학자가 되기도 합니다.

● 사람을 만나기도 합니다. 가까운 사람들을 만나 혼자가 아니라는 것을 확인하는 것도 하나의 방법입니다. 힘들 때 함께 할 수 있는 친구가 있는 것도 축복입니다.

● 말씀 묵상을 통해 힘을 얻습니다. 루스 광야의 야곱은 꿈속에서 주님의 음성을 듣고 큰 힘을 얻었습니다. "여호와께서 과연 여기 계시거늘 내가 알지 못하였도다."(창 28:16)

● 내 곁에 계시는 주님과 교제할 때 힘이 됩니다. "예수께서 가까이 이르러 그들과 동행하시나 그들의 눈이 가리어져서 그인 줄 알아보지 못하거늘"(눅 24:15-16)

【명언】
● 고독한 나무는, 자라기만 한다면 강하게 자란다. (윈스턴 처칠)
● Solitary trees, if they grow at all, grow strong. (Winston Churchill)

【묵상】 외로울 때는 무엇을 하십니까?

어떻게 외로움을 극복할까요?

● 애굽의 팔려간 요셉: 요셉은 하나님이 주신 꿈이 있었기 때문에 외로움을 극복했습니다. "여호와께서 요셉과 함께 하시므로 그가 형통한 자가 되어 그의 주인 애굽 사람의 집에 있으니"(창 39:2)

● 얍복강에서 기도한 야곱: 에서를 만나기전 야곱은 간절히 기도함으로 하나님을 만났습니다. 혼자 남아서 기도했지만 야곱은 혼자가 아니었습니다(창 32:24).

● 외로운 승리자, 예수: 예수님은 외로우셨지만 혼자라고 생각지 않으셨습니다. "내가 혼자 있는 것이 아니요 나를 보내신 이가 나와 함께 계심이라."(요 8:16)

● 외로울 때 주님을 바라보십시오. 여호와는 주님을 바라보는 자에게 새 힘을 주십니다. "여호와는 그의 얼굴을 네게 비추사 은혜 베푸시기를 원하며 평강 주시기를 원하노라."(민 6:25-26)

● 외로운 자의 친구가 되는 것은 주의 뜻입니다. 바울이 다메섹도상에서 회심 한 후 제자들이 그를 경계할 때 바나바는 바울과 함께 하며 그를 변호해 주었습니다(행 11:25-28).

【명언】
● 내가 어떠한 상태에 있더라도 나는 그 속에서 만족하는 법을 배운다. (헬렌 켈러)
● Even though I am placed in some states, I learn to be content in it. (Helen Keller)

【묵상】 나의 위로가 필요한 사람은 누구입니까?

우울증

　우울과 불안은 불쾌한 심리상태 중의 하나로써 일상생활 속에서 가장 흔히 경험된다. 실제로 상담소나 신경정신과로 방문하는 내담자들이 가장 많이 호소하는 것은 정서적 문제이다. 우울증은 가장 흔한 정신장애로 지속적인 기분(mood)조절에 문제가 생겨 우울하고 슬픈 기분이 상당히 오랜 기간 유지되는 것이 특징이다. 또한 부정적으로 변하는 인지적 증상과 일상생활의 의욕과 관심이 저하되는 동기적 증상들이 수반된다. 이밖에도 불면증, 식욕 및 성욕의 상실, 체중 증거나 감소 등과 같은 다양한 신체 생리적인 증상들이 동반되기도 한다.

　미국 정신의학회의 정신장애 진단 통계편람의 진단기준에 의하면 다음의 증상 중 5가지 이상이 2주일 동안에 나타나고, 예전과 기능차이를 나타내면 우울증으로 판단을 하는데 이는 정신과의사에 의해 진단을 받는 것이 옳다. 1) 거의 하루 종일 우울증을 보인다. 2) 식이 조절을 하지 않는데도 불구하고 체중 감소 또는 증가가 나타난다. 3) 거의 매일 불면 또는 과도한 수면을 한다. 4) 거의 매일 정신운동 흥분 또는 지체를 느낀다. 5) 주관적 설명 또는 타인에 의한 관찰로 거의 매일 하루 대부분의 활동에서 흥미가 현저하게 감소된다. 6) 거의 매일 피로 또는 에너지를 상실한다. 7) 거의 매일 단순한 자기 비난이나 아픈데 대한 죄책이 아닌 무가치감 또는 과도하고 부적절한 죄책을 보인다. 8) 거의 매일 사고와 집중력의 감소, 결정 곤란을 보인다. 9) 죽음에 대한 반복적인 생각을 하며, 구체적 계획이 없는 반복적인 자살 사고 또는 시도를 한다.

"나를 보내신 이가 나와 함께 하시도다 나는 항상 그가 기뻐하시는 일을 행하므로 나를 혼자 두지 아니하셨느니라 이 말씀을 하시매 많은 사람이 믿더라"
(요 8:29-30)

어떤 때 우울할까요?

● 부정적 생각을 하면 우울하게 됩니다. 부정적 사고는 부정적 감정의 주된 원인입니다. "모든 지킬 만한 것 중에 더욱 네 마음을 지키라 생명의 근원이 이에서 남이니라."(잠 4:23)

● 충격적 위기를 당할 때 우울해집니다. 이세벨에게 쫓기던 엘리야와 인생 고난을 경험한 욥(욥7장)도 우울했습니다. 아무리 믿음이 좋아도 일시적인 우울을 느낄 수 있습니다.

● 상실감을 경험할 때 우울해집니다. 배우자나 자녀의 상실, 경제적 손실이나 건강과 자존감이 상실될 때 우울하게 됩니다. 빈 공간을 채워줄 하나님의 은혜를 구해야 합니다.

● 거듭된 실패가 우울하게 만듭니다. 계속되는 좌절로 우울할 수 있지만 전혀 흔들림이 없는 사람도 있습니다. 여호와를 나의 하나님으로 삼는 자는 요동하지 않습니다(시 125:1).

● 이중적 삶과 죄책감이 우울하게 만듭니다. "만일 우리가 우리 죄를 자백하면 저는 미쁘고 의로우사 우리 죄를 사하시며 모든 불의에서 우리를 깨끗케 하실 것이요."(요일 1:9)

【명언】
● 내게 있어서 성공은 오직 반복적인 실패와 자기반성을 통해서만 가능하다. (혼다 소이치로)
● To me success can only be achieved through repeated failure and introspection. (Soichiro Honda)

【묵상】 우울해 지는 이유는 무엇입니까?

우울의 증상

● 생리적 증상이 있습니다. 불면증과 과다수면은 반대되는 개념처럼 보이지만 동일한 우울증의 증상입니다. "여호와께서 그의 사랑하시는 자에게는 잠을 주시는도다."(시 127:2)

● 심리적 증상도 있습니다. 매사에 부정적이고 자신에 대해서는 가치 없는 존재로 여깁니다. 성도는 천하보다 귀한 존재이며 하나님보시기에 심히 기뻐하시는 존재입니다. (창 1:31)

● 정서적 증상도 나타납니다. 신경이 예민해 사소한 일에 짜증을 냅니다. 하나님의 평안이 필요합니다. "평안을 너희에게 끼치노니 곧 나의 평안을 너희에게 주노라."(요 14:27)

● 행동적 증상도 있습니다. 삶의 의욕이 저하되어 아무것도 하기 싫어지고 게을러집니다. "피곤한 자에게는 능력을 주시며 무능한 자에게는 힘을 더하시나니"(사 40:29)

● 영적인 증상도 있습니다. 인생이 허무하며 하나님을 멀리하여 영적으로 침체됩니다. "오직 너희의 하나님 여호와께 가까이 하기를 오늘까지 행한 것 같이 하라."(수 23:8)

【명언】
● 인간을 고통 받게 하고 불행하게 만드는 것은 아무 것도 가치가 없다고 느끼는 감정이다. (헤롤드 도드)
● What makes human beings unhappy and suffer is a feeling is worth nothing. (Harold Dod)

【묵상】 우울할 때에 어떤 증상을 보입니까?

우울증 극복하기

● 우울증은 마음의 감기입니다. 대수롭지 않게 내버려두면 점점 악화될 수 있습니다. 원인과 증상에 따른 처방을 따르면 분명히 물리칠 수 있는 정서질환입니다.

● 적절한 운동과 산책을 통해 심리적 건강을 돌아보아야 합니다. 성령의 전인 육체가 건강할 때 심리적으로도 건강하게 됩니다. "음식을 먹으매 강건하여지니라."(행 9:19)

● 심리적 안정을 위해 필요한 보약은 사랑입니다. "믿음, 소망, 사랑, 이 세 가지는 항상 있을 것인데 그 중의 제일은 사랑이라."(고전13:13) 충분한 사랑이 안정감을 줍니다.

● 상담심리전문가의 도움을 받아야 합니다. 자동적으로 떠오르는 부정적인 생각을 논박하며, 긍정적인 생각을 갖도록 해야 합니다. 마음을 다스리기 위한 훈련이 필요합니다(잠 4:23).

● 투약이 절대로 필요합니다. 항우울제나 비타민뿐만 아니라 신약과 구약을 먹으면서 마음의 평안을 얻어야 합니다. 하나님이 주시는 평안이 우울증의 특효약입니다(요 14:27).

【명언】
● 생각이 얼마나 강력한지 깨닫는다면 결코 다시는 부정적인 생각을 갖지 않을 것이다. (피스 필그림)
● If you realized how powerful your thoughts are, you would never think another negative thought. (Peace Pilgrim)

【묵상】 우울을 극복하는 방법은 무엇입니까?

죄책감

정신분석학적 관점에서 볼 때 죄책감은 주체가 비난을 받아 마땅하다고 생각되는 행위의 결과이며, 주체가 자책하는 구체적인 행위와는 관계없이 자신을 무가치하게 여기는 감정이다. 자신의 행위에 대한 주관적인 반응은 사람마다 다르게 나타난다. 자신을 비난하는 정도에 따른 자기 처벌도 다른 양상으로 나타난다.

프로이드(Freud)는 죄책감을 초자아에 의해 요구되는 규칙을 위한 행동에서 유발되며, 양심의 가책에 대한 반응으로 보았다. 한편 반두라

(Bandura)는 죄책감을 자신이 부적절한 행동이나 위반행동을 했을 때, 자기비판과 고통스러운 생각을 갖게 되는 경향이라고 보았다. 켈리(Kelly, 1955)는 죄책감을 자신의 역할 수행을 제대로 이행하지 못할 때 발생하는 갈등이라고 설명했다. 죄책감의 문제에서 고려되어야 할 문제는 죄책감을 느끼지 말아야 할 때 죄책감을 느끼게 되거나, 죄책감을 느껴야 할 때 느끼지 못하는 경우이다. 더욱 심각한 것은 죄책감을 무시하는 것이다.

융은 죄책감이란 정신의 중심인 자기(self)에게서 자아(ego)가 떨어져 나오는데서 경험하는 정서라고 정의한다. 자기가 사회집단이나 부모에게 투사될 때 기존에 형성된 행동기준으로부터 이탈된 것으로 느껴지는 정서가 죄책감이다. 자아가 자기로부터 이탈하게 되면 사회적 인격인 페르소나가 자아를 대변하면서 자아는 존재의 상실로 인한 죄책감을 느끼게 된다. 죄책감에 관해 아동과 청소년을 대상으로 한 연구에서 여학생이 남학생보다 죄책감이 높은 것으로 나타났다(한지영, 2011).

"네 죄 사함을 받았느니라 하는 말과 일어나 걸어가라 하는 말이 어느 것이 쉽겠느냐 그러나 인자가 땅에서 죄를 사하는 권세가 있는 줄을 너희로 알게 하리라 하시고"(눅 5:20-21)

어떤 때 죄를 짓는가?

● 과도한 욕심을 가질 때입니다. 만족을 모르는 지나친 욕심이 죄를 짓게 만듭니다. "욕심이 잉태한즉 죄를 낳고 죄가 장성한즉 사망을 낳느니라."(약 1:15)

● 사탄의 유혹이 있을 때입니다. 사탄이 마음에 들어오면 죄를 짓게 만듭니다. "사탄이 네 마음에 가득하여 네가 성령을 속이고 땅 값 얼마를 감추었느냐."(행 5:3)

● 교만한 생각이 들 때입니다. 사람과 하나님에 대해 교만한 모습이 곧 죄입니다. "눈이 높은 것과 마음이 교만한 것과 악인이 형통한 것은 다 죄니라."(잠 21:4)

● 양심이 마비될 때입니다. 선악을 분별하지 못하는 양심이 죄를 짓게 만들 수 있습니다. "오늘까지 나는 범사에 양심을 따라 하나님을 섬겼노라."(행 23:1)

● 영적으로 나태할 때입니다. 깨어 있지 않으면 언제 죄를 지을지 모르는 것이 인간입니다. "다른 이들과 같이 자지 말고 오직 깨어 정신을 차릴지라."(살전 5:6)

【명언】
● 모든 죄의 기본은 조바심과 게으름이다. (F. 카프카)
● What is the basis of all sin is impatience and laziness. (Franz Kafka)

【묵상】 어떤 때에 죄를 짓게 됩니까?

죄의 형벌은 무엇일까요?

● 죄를 짓게 되면 고통이 따르게 됩니다. "나사로를 보내어 그 손가락 끝에 물을 찍어 내 혀를 서늘하게 하소서 내가 이 불꽃 가운데서 괴로워하나이다."(눅 16:24)

● 죄를 지으면 심리적으로 불안하고 두렵게 되는 것 자체가 형벌입니다. "내가 동산에서 하나님의 소리를 듣고 내가 벗었으므로 두려워하여 숨었나이다."(창 3:10)

● 죄를 짓는 자에게는 수치심과 부끄러움이 따라오는데 역시 죄에 대한 형벌입니다. "그러므로 내가 네 치마를 네 얼굴에까지 들춰서 네 수치를 드러내리라."(렘 13:26)

● 죄를 짓게 되면 관계가 단절됩니다. 죄를 지었던 대상뿐 아니라, 주변 사람들과 관계도 멀어지고 더 나아가 하나님과의 관계도 소원해집니다. 신속한 회개가 단절된 관계를 회복시킵니다.

● 죄를 지으면 결국 사망에 이르게 됩니다. "욕심이 잉태한즉 죄를 낳고 죄가 장성한즉 사망을 낳느니라."(약 1:15) "죄로 인하여 형벌을 받게 할 것이니라."(레 22:16)

【명언】
● 죄책감은 아마도 죽음의 가장 고통스러운 동반자일 것이다. (코코 샤넬)
● Guilt is perhaps the most painful companion of death. (Coco Chanel)

【묵상】 죄로 인한 징계를 받은 적이 있습니까?

죄를 어떻게 하시겠습니까?

● 죄를 가까이 하면 불행하게 되고, 죄를 멀리하는 자가 복된 자입니다. "범사에 헤아려 좋은 것을 취하여 악은 어떤 모양이라도 버리라."(살전 5:21-22)

● 내 안에 있는 죄성과 더불어 날마다 싸워 이겨야 합니다. "너희가 죄와 싸우되 아직 피 흘리기까지는 대항치 아니하고"(히 12:4) 인생은 영적인 전투입니다.

● 내가 지고 있는 죄의 짐을 벗어야 합니다. "모든 무거운 것과 얽매이기 쉬운 죄를 벗어 버리고 인내로써 우리 앞에 당한 경주를 하며 믿음의 주요 또 온전하게 하시는 이인 예수를 바라보자."(히 12:1-2)

● 혹시라도 죄를 지었을 때는 가능하면 빨리 회개해야 합니다. "이르시되 때가 찼고 하나님의 나라가 가까웠으니 회개하고 복음을 믿으라 하시더라."(막 1:15)

● 뿐만 아니라 죄 문제를 해결하기 위해서는, 죄를 용서해 주시는 하나님 앞으로 나와야 합니다. "네 죄를 안개의 사라짐같이 도말하였으니 너는 내게로 돌아오라."(사 44:22)

【명언】
● 세상에는 두 종류의 사람이 있다. 자신을 의롭다고 생각하는 죄인과 자신을 죄인이라고 생각하는 의인이다. (B. 파스칼)
● There are two kinds of people in the world, the sinner that justified themselves, the righteous who think sinners. (B. Pascal)

【묵상】 죄를 어떻게 해결하십니까?

3장

욕구 다스리기

인간의 욕구

　마슬로우(A. Maslow)는 인간의 욕구를 5가지 단계로 나누고 거기에 등급을 매겨 인간의 욕구가 어떤 다른 욕구에 의해 지배를 받는지에 관한 이론을 제시했다. 그가 주장한 욕구의 단계이론은 기본적으로 인간의 동기 유발을 위해서 어떤 것들이 먼저 선행되어야 하는지를 설명하고 있다.

　1단계는 생물학적 욕구로써 인간의 가장 기본적인 생리적 욕구이다. 인간은 식욕, 수면욕, 성욕 등의 생물학적 욕구 등 인간의 가장 기본적인 욕구가 충족되지 않는 한 다음 욕구는 모습을 나타내지 않는다. 2단계는 안

전에 대한 욕구이다. 인간은 누구나 위험으로부터 벗어나고 싶은 욕구를 가진다. 여기서 말하는 위험에는 단순히 물리적이나 생리적 위험뿐만 아니라, 감성적, 심리적 스트레스도 포함된다. 항상 주변에서 위협을 느끼거나 심리적인 압박을 받고 있다면 사람은 더 이상의 욕구를 충족하지 못한다.

3단계는 사회적 욕구이다. 누군가에 소속되고 싶은 욕구, 애정을 받고 싶은 욕구이다. 가족이나 집단, 사회로부터 충분한 소속감, 안정감을 받지 못한다면, 그 사람은 심리적 결핍 상태에 빠지게 된다. 따라서 일을 하거나 능력을 발휘하는데 많은 지장을 초래하게 된다. 4단계는 자존감의 욕구이다. 사람들은 누구나 다른 이들로부터 존경과 칭찬, 그리고 능력을 인정받고 싶어 한다. 이런 욕구가 충족되지 않으면 자기 비하나 패배주의에 빠지고 열등감에 시달린다. 5단계는 자아실현에 대한 욕구이다. 자아실현은 인간이 갖는 가장 최상위의 욕망으로, 자기 개발과 목표 성취를 위해 끊임없이 노력하는 자세를 말한다.

"하나님이 모든 것을 지으시되 때를 따라 아름답게 하셨고 또 사람들에게는 영원을 사모하는 마음을 주셨느니라 그러나 하나님이 하시는 일의 시종을 사람으로 측량할 수 없게 하셨도다"(전 3:11)

사람은 어떤 욕구가 있는가?

● 누구나 본능적 욕구가 있습니다. 하나님이 허락하신 본능의 욕구를 잘 다스리는 것이 지혜입니다. "이기기를 다투는 자마다 모든 일에 절제하나니"(고전 9:25)

● 심리적 욕구가 있습니다. 인간에게는 생리적, 안전, 사랑, 자존감, 자아실현의 욕구 등이 있습니다. 지나친 욕구의 억압이나 과도한 욕구 발산은 문제가 됩니다.

● 정서적 욕구가 있습니다. 희노애락을 표출하고 공감 받을 때 정서적으로 안정됩니다. "즐거워하는 자들과 함께 즐거워하고 우는 자들과 함께 울라."(롬 12:15)

● 사회적 욕구가 있습니다. 인간은 혼자서 살 수 없는 존재입니다. "사람이 혼자 사는 것이 좋지 아니하니 내가 그를 위하여 돕는 배필을 지으리라."(창 2:18)

● 종교적 욕구가 있습니다. 인간에게만 있는 욕구를 억압하거나 무시하는 것은 그 영혼을 죽이는 것입니다. "사람들에게는 영원을 사모하는 마음을 주셨느니라."(전 3:11)

【명언】
● 인간은 필요로 하는 것보다 더 많이 좋은 것을 갖고자 하는 욕구를 타고 났다. (마크 트웨인)
● A human being has a natural desire to have more of a good thing than he needs. (Mark Twain)

【묵상】 나에게는 어떤 욕구가 있습니까?

욕구를 절제하지 못한 결과

● 안목의 정욕은 수치를 가져왔습니다. 아담과 하와는 선악을 알게 하는 나무의 실과를 따 먹은 결과 에덴동산에서 쫓겨나고 부끄러움을 당하게 되었습니다(창 3:6-7).

● 육신의 정욕을 절제하지 못했던 삼손은 극심한 고통을 겪었습니다. "블레셋 사람들이 그를 붙잡아 그의 눈을 빼고 끌고 가사에 내려가 놋 줄로 매고 그에게 옥에서 맷돌을 돌리게 하였더라."(삿 16:21)

● 물질의 욕구가 구원의 문제에 걸림돌이 되기도 합니다. 부자 청년은 결국 영생을 포기했습니다. "재물이 있는 자는 하나님 나라에 들어가기가 얼마나 어려운지"(눅 18:24)

● 권력의 욕구가 비극을 가져옵니다. 하나님처럼 높아지려고 했던 인간은 하나님의 징계를 받게 되었습니다. "여호와께서 거기서 그들을 온 지면에 흩으셨으므로 그들이 그 도시를 건설하기를 그쳤더라."(창 11:8)

● 탕자는 무절제함으로 거지가 되었습니다. "둘째 아들이 재물을 다 모아 가지고 먼 나라에 가 거기서 허랑방탕하여 그 재산을 낭비하더니 다 없앤 후 그 나라에 크게 흉년이 들어 그가 비로소 궁핍한지라."(눅 15:13-14)

【명언】
● 욕구를 절제하는 사람은 욕구가 절제될 수 있을 만큼 약한 것이기 때문에 절제한다. (윌리엄 블레이크)
● Those who restrain desire, do so because theirs is weak enough to be restrained. (William Blake)

【묵상】 절제해야 할 욕구는 무엇입니까?

영적인 욕구가 있습니까?

● 영적인 욕구는 하나님에 대한 갈급한 마음이며, 이는 오직 하나님만이 해결할 수 있습니다. "하나님이 사람들에게는 영원을 사모하는 마음을 주셨느니라."(전 3:11)

● 영적 욕구가 있을 때 신령한 젖인 하나님의 말씀을 사모하게 됩니다. "신령한 젖을 사모하라. 이로 말미암아 너희로 구원에 이르도록 자라게 함이라."(벧전 2:2)

● 사람들은 영적 욕구를 채우기 위해 나름대로 다양한 종교 활동을 하게 됩니다. 하나님만이 채울 수 있는 이 욕구를 다른 것으로 채우는 것이 우상숭배입니다.

● 오직 예수님만이 인간의 영적인 목마름을 채우십니다. "나는 생명의 떡이니 내게 오는 자는 결코 주리지 아니할 터이요 나를 믿는 자는 영원히 목마르지 아니하리라."(요 6:35)

● 식사 시간에 배고프지 않는 사람은 건강에 문제가 있듯이, 영적인 목마름이나 영적 욕구를 전혀 느끼지 못한 사람은 영적으로 병이 들어 있는 것입니다.

【명언】
● 사람은 동물적 욕구 충족만으로 만족하기를 거부하는 유일한 동물이다. (알렉산더 그레이엄 벨)
● Man is an animal which, alone among the animals, refuses to be satisfied by the fulfillment of animal desires. (A. G. Bell)

【묵상】 영적으로 갈급할 때 어떻게 하십니까?

공짜심리

"공짜 치고, 가치 있는 것은 거의 없다"는 말이 있다. 그럼에도 불구하고 사람들은 공짜라는 말을 들으면 귀가 솔깃해지고, 혹시나 싶은 마음이 든다. 설마 완전히 공짜는 아니겠지만 그만큼 싸게 구입할 수 있지 않을까 하는 마음도 든다. 그만큼 공짜라는 말이 갖는 유혹은 크다. 그래서 길을 가다보면 상점에 붙여져 있는 호객 문구 중 가장 많은 것이 공짜다. 그러나 공짜는 없다. 나도 모르게 공짜라고 생각했던 것들이 내 주머니에서 이리저리 새고 있지만, 그것을 인식하지 못할 뿐이다.

그래서 공짜를 좋아하는 사람을 가장 잘 이용하는 사람들이 사기꾼이다. 거의 백이면 백 사기꾼에게 넘어간 사람들은 공짜라는 말에 잘 넘어간다. 지금 내가 이 사람이 시키는 대로 하지 않으면 정말 후회할 것 같고, 손해 볼 것 같은 마음이 들게 하는 것이다. 이렇게 자신의 정당한 노력으로 대가를 얻기보다 좀 더 수월하고 쉬운 방법으로, 좀 더 나아가서 아무런 노력을 기울이지 않았는데도 큰 소득을 얻고자 하는 마음을 갖고 있기 때문에 사기꾼의 말이 비상식적임에도 불구하고 그 꼬임에 넘어가게 된다.

공짜 심리는 개인에게 큰 피해를 가져다 줄 뿐 아니라, 사회발전에도 커다란 걸림돌이 된다. 무엇이든지 발전을 하려면 그에 상응하는 노력과 정당한 투자가 있어야 한다. 그런데 좋은 아이템을 개발해도 이것을 돈 내고 사는 사람이 없으니 어쩔 수없이 공짜로 주어야 하고, 그러다보니 남는 것이 없고, 마침내 더 발전할 수 없어, 처음에는 반짝하다가 소리 없이 소멸해 버리는 것이다.

● 코이네 칼럼

"우주와 그 가운데 있는 만물을 지으신 하나님께서는 천지의 주재시니 손으로 지은 전에 계시지 아니하시고 또 무엇이 부족한 것처럼 사람의 손으로 섬김을 받으시는 것이 아니니 이는 만민에게 생명과 호흡과 만물을 친히 주시는 이심이라"(행 17:24-25)

공짜 좋아하세요?

● 선거철만 되면 정치인은 무상급식, 무상교육, 무상의료 등으로 유권자를 유혹합니다. 국민들이 이미 세금으로 낸 것을 자기 것인 양 주겠다는 것은 무상이나 공짜가 아닙니다.

● 진짜 무상은 자기 것을 주는 것입니다. 선거철의 무상공약은 유권자를 교묘히 속이는 것입니다. 결국 내가 세금을 더 내야합니다. 진정한 공짜는 오직 하나님만이 주십니다.

● 생명이 선물입니다. 이 세상에 태어난 것 자체가 하나님이 나에게 공짜로 주신 선물입니다. "만물을 지으신 하나님께서는...만민에게 생명과 호흡과 만물을 친히 주시는 이심이라."(행 17:24-25)

● 자연이 선물입니다. 평생 살아갈 공기와 물과 햇빛을 공짜로 주십니다. "하나님이 이르시되 빛이 있으라 하시니 빛이 있었고 빛이 하나님이 보시기에 좋았더라."(창 1:3-4)

● 구원이 선물입니다. 하나님이 내게 값없이 주시는 최고의 선물입니다. "믿음으로 말미암아 구원을 받았으니 이것은 너희에게서 난 것이 아니요 하나님의 선물이라."(엡 2:8)

【명언】
● 생각하라! 생각은 공짜이다. (호아퀸 로렌테)
● Think! It is free to think. (Joaquin lorente)

【묵상】 공짜로 얻은 것이 있다면 무엇입니까?

이 세상에 공짜는 없다.

● 어느 나라 왕이 12명의 현인들을 불러서 "온 백성이 행복하게 살 수 있는 방법을 찾으라."고 명령했습니다. 1년 뒤에 그들은 12권의 책을 만들어 왕께 바쳤습니다.

● 이것을 본 왕은 내용이 많다면서 다시 한 권의 책으로 만들라고 지시했습니다. 왕의 지시대로 했으나 그것도 많다고 하여 한 문장으로 만들어 오라고 했습니다.

● 그렇게 해서 최종적으로 만든 문장은 "세상에 공짜는 없다"는 것이었습니다. 그럼에도 불구하고 사람들은 공짜를 좋아하고 그것 때문에 낭패를 당하기도 합니다.

● 그러므로 공짜 좋아하는 것을 조심해야 합니다. 그러나 하나님이 주는 공짜 선물은 안심해도 됩니다. 거기에는 어떤 속임수도 없으며, 단지 사랑해서 주기 때문입니다.

● 우리는 하나님이 거저 주시는 그 놀라운 선물을 감사함으로 받고 그 하나님을 높이고 자랑하면 됩니다. "그의 성호를 자랑하라 여호와를 구하는 자마다 마음이 즐거울지로다."(대상 16:10)

【명언】
● 자연계에 공짜라는 것은 없지만, 그것은 우리의 목적을 가장 빨리 달성시켜 주는 길이다. (R. W. 에머슨)
● Although it' not free in the natural world, it is the fastest way to achieve our objectives. (Ralph Waldo Emerson)

【묵상】공짜에 대해서 어떻게 반응하십니까?

하나님의 선물은 공짜다.

● 하나님의 선물은 감사함으로 받으면 됩니다. "온갖 좋은 은사와 온전한 선물이 다 위로부터 빛들의 아버지께로부터 내려오나니 그는 변함도 없으시고 회전하는 그림자도 없으시니라."(약 1:17)

● 수고했을 때 기쁨을 누리는 것도 주님의 선물입니다. "사람마다 먹고 마시는 것과 수고함으로 낙을 누리는 그것이 하나님의 선물인 줄도 또한 알았도다."(전3:13)

● 자녀도 하나님의 선물입니다. "레아가 이르되 하나님이 내게 후한 선물을 주시도다. 내가 남편에게 여섯 아들을 낳았으니 이제는 그가 나와 함께 살리라."(창 30:20)

● 성령의 역사도 하나님의 선물입니다. "너희가 회개하여 각각 예수 그리스도의 이름으로 세례를 받고 죄 사함을 받으라. 그리하면 성령의 선물을 받으리니"(행 2:38)

● 하나님은 내게 정말 필요한 선물이 무엇인지 알고 주시지만, 그것을 받는 것은 내 몫입니다. 때로 선물이 필요할 때 하나님께 요청하는 것도 내가 해야 할 일입니다.

【명언】
● 감사함으로 선물을 받는 것은, 답례로 줄 수 있는 선물이 없다고 하더라도 그 자체가 훌륭한 답례이다. (레아 헌트)
● Receiving the gift with gratitude is in itself a great return, although there is no gift you can give in return. (Rhea Hunt)

【묵상】 하나님의 선물에 어떻게 반응하십니까?

거짓말의 심리

시부야 쇼조의 『거짓말 심리학』(휘닉스, 2005)에 의하면 거짓말을 분석하면 심리가 보인다고 한다. 우리는 보통 거짓말쟁이일수록 거짓말을 나쁘다고 생각한다. 그렇다면 거짓말은 정말 나쁜 것일까? 그 답을 말하기 전에 이 세상 누구도 거짓말에서 자유로운 사람은 없다는 것이다. 사람이 일생을 살면서 단 한 번도 거짓말을 해 본 적이 없다면 그것이야말로 진짜 대단한 거짓말일 것이다. 거짓말이라면 누구나 일단 나쁜 것으로 생각하기 마련이지만, 이 책에서의 관점은 조금 다르다.

심한 예로는, 거짓말을 할 줄 모르면 어린이가 제대로 성장할 수 없다는 것이다. 예를 들어 11개월 된 아이가 놀고 있을 때나 식사할 때 장난으로 자는 척한다. "잠들었니?"하고 말을 걸면 "쿨쿨"하고 대답한다. 또 "잠들어버렸니?"하면 "안녕?"하고 일어났다는 걸 알린다. 이것은 어린아이가 성장 과정에서 엄마와 말을 주고받는 걸 즐기는 것이다. 그러나 이것도 엄연히 거짓말이다. 이처럼 이 책에서는 거짓말을 대단히 광범위하게 확대해서 다루고 있다. 저자인 시부야 쇼조는 거짓말은 그 자체가 나쁜 게 아니라 좋게 쓰면 좋은 것이고 나쁘게 쓰면 나쁜 게 된다고 본다.

독자들은 이 책을 통해 "그래 맞아, 이것도 거짓말은 거짓말이겠지"하고 어쩔 수 없이 고개를 끄덕일 수밖에 없는 희한한 거짓말을 발견할 수 있다. 그리고 자연스럽게 거짓말에 대한 이해가 깊어지면서, 남의 거짓말에 잘 속지 않게 될 뿐만 아니라, 거짓말에 대한 심리적 이해를 할 수 있다.

"너희는 너희 아비 마귀에게서 났으니 너희 아비의 욕심대로 너희도 행하고자 하느니라 그는 처음부터 살인한 자요 진리가 그 속에 없으므로 진리에 서지 못하고 거짓을 말할 때마다 제 것으로 말하나니 이는 그가 거짓말쟁이요"(요 8:44)

거짓이 통하는 세상

● 거짓말은 그 자체가 죄일 뿐만 아니라 정신까지도 더럽힌다. (플라톤) 거짓말은 마치 눈덩이와 같다. 그렇기 때문에 거짓말은 굴릴수록 점점 커지게 된다. (마틴 루터)

● 사탄은 거짓말쟁이입니다. 사탄은 하와에게 선악과를 먹으면 하나님처럼 된다고 거짓말을 했습니다. "너희가 그것을 먹는 날에는 너희 눈이 밝아져 하나님과 같이 되어 선악을 알 줄 하나님이 아심이니라."(창 3:5)

● 거짓말하는 이유는 자기 방어와 자기 유익을 위해서 혹은 양심이 무디어져서 그렇게 합니다(딤전 4:2). 영적으로는 거짓의 아비인 사탄에게 미혹되었기 때문입니다(요 8:44).

● 하나님은 우리에게 거짓 증거를 하지 말라고 하십니다(출 20:16) "속이지 말라 하나님은 업신여김을 받지 아니하시나니 사람이 무엇으로 심든지 그대로 거두리라."(갈 6:7)

● 거짓의 결과는 하나님의 심판입니다. 하나님은 우리의 중심까지도 감찰하시기 때문입니다. "하나님은 모든 행위와 모든 은밀한 일을 선악 간에 심판하시리라"(전 12:14).

【명언】
● 거짓말쟁이가 받는 가장 큰 벌은 그 사람이 진실을 말했을 때에 다른 사람들이 믿어주지 않는 것이다. (탈무드)
● The biggest punishment that a liar will receive, other people does not believe him when told the truth. (Talmud)

【묵상】 거짓과 정직 사이에서 갈등한 적이 있습니까?

거짓은 반드시 밝혀집니다.

● 거짓 유혹: 사탄이 인간을 유혹하는 최고의 전략은 거짓말입니다. "너희는 너희 아비 마귀에게서 났으니…이는 그가 거짓말쟁이요 거짓의 아비가 되었음이라."(요 8:44)

● 거짓 약속: 약속을 해 놓고 지키지 않는 것도 거짓된 것입니다. "하나님은 사람이 아니시니 거짓말을 하지 않으시고 인생이 아니시니 후회가 없으시도다."(민 21:19)

● 거짓 사랑: 겉모습과 속마음이 다른 사랑도 거짓입니다. "사랑에는 거짓이 없나니 악을 미워하고 선에 속하라"(로마서 12:9) 진정한 사랑에는 거짓이 없습니다.

● 거짓 증거: 거짓 증거는 하나님이 기뻐하지 않습니다. "네 이웃에 대하여 거짓 증거하지 말라."(출 20:16) "그런즉 거짓을 버리고 각각 그 이웃과 더불어 참된 것을 말하라."(엡 4:25)

● 거짓은 영원하지 않습니다. 때가 되면 반드시 드러납니다. 그렇기 때문에 거짓말을 즐기는 자는 어리석은 자입니다. "모든 혀가 하나님께 자백하리라."(롬 14:12)

【명언】
● 모든 국민을 잠시 속이는 것은 가능하지만, 모든 국민을 영원히 속이는 것은 불가능하다. (아브라함 링컨)
● It is possible for a while deceive all the people, but impossible to deceive all the people forever. (Abraham Lincoln)

【묵상】 밝혀질 거짓말을 왜 계속 할까요?

정직이 최고의 자산입니다.

● 사람들은 정직하게 사는 사람을 어리석은 자로 취급을 하기도 합니다. 그러나 정작 어리석은 사람은 머지않아 탄로가 날 거짓말을 밥 먹듯 하는 사람입니다.

● 최후의 승리를 얻게 합니다. 정직한 자가 잠시 손해를 볼 때도 있지만, 최후의 승리는 결국 정직한 자의 것이 되기 때문입니다. "정직한 자의 장막은 흥하리라."(잠 14:11)

● 기도의 응답이 있습니다. 하나님은 정직한 자의 기도를 들으시기 때문입니다. "악인의 제사는 여호와께서 미워하셔도 정직한 자의 기도는 그가 기뻐하시느니라."(잠 15:8)

● 축복의 씨앗이 됩니다. 정직한 씨를 뿌리면 후손이 결국 열매를 거두게 됩니다. "그의 후손이 땅에서 강성함이여 정직한 자들의 후손에게 복이 있으리로다."(시 112:2)

● 사람은 속여도 하나님을 속일 수는 없습니다. 중심을 보시기 때문입니다. "사람의 행위가 자기 보기에는 모두 정직해도 여호와는 마음을 감찰하느니라."(잠 21:2)

【명언】
● 정직은 가장 확실한 자본이다. (R. W. 에머슨)
● Honesty is the surest capital. (Ralph Waldo Emerson)

【묵상】 정직한 자를 위한 하나님의 축복은 무엇일까요?

게으름의 심리

게으른 사람들에게는 세 가지 유형이 있다. 첫째, 완벽주의(우유부단)형이다. 이들은 완벽을 추구하는 성향 때문에 치밀하게 계획을 세우려고 준비하는 일에 많은 시간을 들인다. 항상 바쁜 것 같아 보여도 일의 우선순위를 잘 구분하지 못한다. 당장 시험공부를 해야 하는데, 그런 와중에 책상 정리를 한다거나, 시험공부와는 관계없는 일에 시간을 허비한다.

둘째, 자기 회의형 게으름이다. 이들은 대부분 자신의 능력에 대해서 의심하고 스스로 자신을 비하하기 때문에 무슨 일을 하더라도 망설이거나 미루는데 익숙하다. 결국 "자기회의-합리화(다음에는 좀 더 준비를 해서 반드시 할거야)-자기비난"이라는 악순환의 고리를 끊지 못한다.

셋째, 수동공격형 게으름이다. 이들은 자신이 의존하고 있는 대상에 대해 반감을 적극적으로 표출하거나 승화시키지 못하고 늘 수동적으로 표현을 한다. 겉으로는 공손한 것 같지만, 해야 할 일에 대해서 늘 꾸물거리거나, 적당한 이유를 내세우며 무의식적인 공격성을 표현한다. 이런 게으름은 불행하게도 자신의 인생을 서서히 실패하도록 만들며, 상대방을 화나게 하고 상대방의 삶도 파괴시키는 결과를 가져온다.

게으름은 움직이느냐 움직이지 않느냐의 문제가 아니다. 게으름이란 중요한 일부터 하느냐 그렇지 않느냐의 차이이다. 그리고 게으름을 여유라는 말로 위장하지 말아야 한다. 게으름은 후회를 불러오지만, 여유는 풍요로움을 낳는다. 행동의 게으름보다 더욱 심각한 것은 생각의 게으름이다.

"게으른 자여 네가 어느 때까지 누워 있겠느냐 네가 어느 때에 잠이 깨어 일어나겠느냐"(잠 6:9) "게으름이 사람으로 깊이 잠들게 하나니 태만한 사람은 주릴 것이니라"(잠 19:15) "게으른 자는 그 손을 그릇에 넣고도 입으로 올리기를 괴로워하느니라"(잠 26:15)

게으름의 원인은 무엇인가?

● 게으름의 숨겨진 원인 중에 하나는 분노입니다. 부모에게 분노를 느낄 때 자녀는 게으름이라는 수동 공격으로 대항합니다. 부모의 분노와 자녀의 꾸물거림은 궁합이 맞습니다.

● 부모의 과격한 분노와 욕설, 폭력에 의해 분노의 감옥과 두려움의 감옥이 형성이 된다면, 게으름이라는 것은 부모의 짜증과 잔소리에 의해서 형성이 됩니다.

● 게으른 자는 선생님이나 직장 상사를 부모와 같은 권위적 대상으로 간주합니다. 따라서 권위적 대상들에게 화가 나면 그들은 게으름이라는 방어기제로 대항하기도 합니다.

● 특히 우리나라 부모는 공부 문제로 계속 자식을 통제하는 일이 많은데 이 경우에 아이들은 게으름으로 분노를 표현하면서 부모에게서 벗어나려고 행동합니다.

● 어릴 때부터 이런 태도가 지속이 되면 성인이 되어서도 게으름을 통해 자신을 방어하게 됩니다. "아비들아 너희 자녀를 노엽게 하지 말지니 낙심할까 함이라."(골 3:21)

【명언】
● 게으름은 즐겁지만 괴로운 상태이다. 우리는 행복해지기 위해 무언가 하고 있어야 한다. (마하트마 간디)
● Indolence is a delightful but distressing state; we must be doing something to be happy. (Mahatma Gandhi)

【묵상】 게으름을 피우고 싶은 때는 언제입니까?

어떻게 게으름을 극복할까?

● 목표가 바로 앞에 있으면 아무리 게으른 사람이라도 빨리 끝내려고 할 것입니다. 따라서 게으름을 벗어나려면 크고 긴 목표를 세부적으로 나누어 계획을 세워야 합니다.

● 게으른 자가 인터넷을 즐기는 것은 지겨우면 다른 정보를 클릭하면 되기 때문입니다. 따라서 게으른 자는 지겨움을 느끼지 않게 일을 단계별로 나눠야 합니다.

● 게으름을 피우지 않고 열심히 일을 끝냈으면 자신에게 선물을 주는 방법도 게으름의 감옥에서 벗어나는데 도움이 됩니다. 게으름은 시간을 죽이는 것입니다.

● 게으름을 부추기는 것을 눈에 보이지 않게 해야 합니다. TV와 인터넷도 게으름에 일조를 합니다. 환경을 자주 바꾸는 것도 지루함을 떨쳐내는 좋은 방법입니다.

● "부지런한 자의 손은 사람을 다스리게 되어도 게으른 자는 부림을 받느니라."(잠 12:24) "게으른 자여 개미에게 가서 그가 하는 것을 보고 지혜를 얻으라."(잠 6:6)

【명언】
● 진짜 위험한 것은 아무 것도 하지 않은 것이다. (데니스 웨이틀리)
● The real risk is doing nothing. (Denis Waitley)

【묵상】 어떻게 하면 게으름을 극복할까요?

게으른 자에 대한 교훈

● 게으르게 되면 가난하게 됩니다. 게으름은 가난으로 가는 지름길입니다. "손을 게으르게 놀리는 자는 가난하게 되고 손이 부지런한 자는 부하게 되느니라."(잠 10:4)

● 게으르면 지배를 당하게 됩니다. 게으름의 대가를 반드시 치르게 됩니다. "부지런한 자의 손은 사람을 다스리게 되어도 게으른 자는 부림을 받느니라."(잠 12:24)

● 게으른 자는 책망을 듣게 됩니다. "그 주인이 대답하여 이르되 악하고 게으른 종아 나는 심지 않은 데서 거두고 헤치지 않은 데서 모으는 줄로 네가 알았느냐"(마 25:26)

● 게으르면 사람이 떠나게 됩니다. "예수 그리스도의 이름으로 너희를 명하노니 게으르게 행하고 우리에게서 받은 전통대로 행하지 아니하는 모든 형제에게서 떠나라."(살후 3:6)

● 하나님은 부지런함을 보십니다. "네가 참고 내 이름을 위하여 견디고 게으르지 아니한 것을 아노라."(계 2:3) "부지런하여 게으르지 말고 열심을 품고 주를 섬기라."(롬 12:11)

【명언】
● 사람들은 게으르지 않다. 다만 무기력한 목표를 갖고 있을 뿐이다. (엔서비 로빈스)
● People are not lazy. They just have important goals, that is, goals that do not inspire them. (Anthony Robbins)

【묵상】 게으름 때문에 힘들었던 경우는 없습니까?

비난의 심리

내담자의 문제에서 공통적으로 발견되는 현상 중에 하나는 자기비난이다. 사람은 자기비난을 통해서 스스로 상처에 고통을 더하는 경우가 많다. 이는 우리를 괴롭히는 가장 무서운 것 중에 하나이다. 누구나 크고 작은 비난을 타인에게서 받을 수도 있지만 이것보다 더욱 힘들게 만드는 것은 자신을 누구보다 사랑해야할 자신이 자기를 비난하는 것이다.

자기를 비난하는 것은 곧 자기가 사랑받을만한 가치가 없는 존재라고 생각하기 때문이다. 자기비난은 대부분 어렸을 때부터 받아온 부당한 비난이 오랫동안 자신의 내면에 자리 잡고 있다가 빌미만 있으면 튀어나와 자신을 괴롭히는 것이다. 예컨대, "너는 안 돼!", "네가 뭘 하겠어?", "너 같은 놈은 필요 없어!", "너는 전혀 도움이 안 돼!", "네가 뭘 할 줄 안다고 그래?", "저리 비켜!"와 같은 내면의 소리가 바로 그것이다.

  이러한 것은 원래 외부의 목소리였지만, 외부에서 자주 들어옴으로써 오래 동안 내면에 각인이 되었기 때문에 그것이 마치 내 자신의 일부분인 것처럼 인식한다. 이 경험은 대개 부모에게서 비롯된다. 그리고 자기만 비난하는 것으로 그치지 않고 타인을 비난하기도 한다. 심리적 건강을 위해서는 이러한 내면의 해로운 목소리로부터 자신을 보호해야 한다. 그렇게 하려면 이런 목소리가 들리는 순간에 그것을 자각하고 과감하게 노우라고 말할 수 있어야 한다. 이들은 비난의 감옥에 갇혀 있는 사람들이다. 비난의 감옥에서 벗어나려면 자신을 통찰해야 한다.

● 심리학 테라피, 최명기

"성문에 앉은 자가 나를 비난하며 독주에 취한 무리가 나를 두고 노래하나이다 여호와여 나를 반기시는 때에 내가 주께 기도하오니 하나님이여 많은 인자와 구원의 진리로 내게 응답하소서"(시 69:12-13)

비난의 감옥 벗어나기

● 일이 잘 안 풀릴 때 흔히 사람들은 그 원인을 남의 탓으로 돌립니다. 시험 점수가 생각했던 것보다 안 나오면 교수가 시험출제를 잘못했다고 불평하기도 합니다.

● 삼진을 당한 야구선수는 심판 판정이 잘못되었다고 따지기도 합니다. 잘되면 내 덕이지만 잘못되면 그 원인을 다른 이에게 돌리는 것이 인간의 모습이기도 합니다.

● 이러한 인간의 모습은 아담과 하와로부터 시작이 되었습니다. 선악과를 따 먹은 후 책임을 묻는 하나님께 대답할 때 아담은 하와에게 하와는 뱀에게 원인을 돌렸습니다.

● 이처럼 매사에 남의 탓을 하는 것이 인간의 문제입니다. 그러나 주님은 나의 책임을 물으십니다. "하나님이 아담을 부르시며 그에게 이르시되 네가 어디 있느냐?"(창 3:9)

● 비난은 자기 방어를 위한 심리적 현상입니다. 그러나 비난은 자기를 보호하기보다는 오히려 화를 초래할 수 있습니다. "보상을 얻으려고 친구를 비난하는 자는 그의 자손들의 눈이 멀게 되리라."(욥 17:5)

【명언】
● 남을 비난하기 전에 먼저 자신을 살리는 법부터 찾아야 한다. (F. M. 도스토예프스키)
● Before we criticize others, first we must find methods of saving from ourselves. (Fyodor M. Dostoievsky)

【묵상】 나에게 이런 모습은 없습니까?

내게는 잘못이 없습니까?

● 비난형 인간은 대체적으로 자신이 잘못했다는 것을 받아들이지 못합니다. 자신은 항상 옳고 선하다고 생각하기 때문에 남을 비난하고 그 사람의 탓을 하는 것입니다.

● 물론 비난형은 때로 올바른 판단을 할 수도 없습니다. 그러나 그의 비난이 맞더라도 평소 행하는 과도한 비난 때문에 아무도 그가 옳다는 것을 인정하려 하지 않습니다.

● 이처럼 심하게 남을 비난하는 사람들은 대부분 부당한 비난으로 인해 크게 상처를 입은 경험이 있습니다. 그 경험은 대체로 부모에게서 비롯되는 경우가 대부분입니다.

● 그 부모의 모습이 아직도 마음속에 자리 잡고 있기 때문에 "나는 문제없다"고 방어를 하고, 그것을 증명하기 위해서 언제나 남에게서 그 잘못을 찾아내는 것입니다.

● 비난을 남에게 돌리기 전에 나를 돌아보며 내게는 문제가 없는지 성찰하는 지혜가 필요합니다. "이에 일어나 이르시되 너희 중에 죄 없는 자가 먼저 돌로 치라 하시고"(요 8:7)

【명언】
● 냉소주의자는 마음의 눈에 외알 안경을 쓴 채 세상을 바라보는 사람이다. (케럴린 웰스)
● A Cynic is a man who looks at the world with a monocle in his mind's eye. (carolyn wells)

【묵상】 문제의 원인을 어디에서 찾습니까?

마음이 건강한 사람

● 자신의 말과 행동에 책임을 지는 사람입니다. "내가 너희에게 이르노니 사람이 무슨 무익한 말을 하든지 심판 날에 이에 대하여 심문을 받으리니 네 말로 의롭다 함을 받고 네 말로 정죄함을 받으리라."(마 12:36-37)

● 타인을 배려하며 이기적이지 않습니다. "서로 돌아보아 사랑과 선행을 격려하며 모이기를 폐하는 어떤 사람들의 습관과 같이 하지 말고 오직 권하여 그 날이 가까움을 볼수록 더욱 그리하자."(히 10:24-25)

● 공동체의 일원으로서 적응할 줄 아는 사람입니다. 관계를 쉽게 단절하는 것은 자신의 상처 때문에 그렇습니다. "할 수 있거든 너희로서는 모든 사람과 더불어 화목하라."(롬 12:18)

● 남의 탓을 하거나 비난하기 전에 자신을 돌아보며, 하나님을 원망하기보다는 하나님의 뜻을 구하는 자가 심리적으로나 영적으로 건강한 자요 복된 자입니다.

● 하나님의 섭리에 순응할 줄 아는 사람입니다. 하나님을 원망하는 것은 어리석은 일입니다. 하나님은 모든 것을 합력하여 선을 이루게 하시는 분이기 때문입니다(롬 8:28).

【명언】
● 비난은 위험한 불꽃과 같아서 그 사람의 생명까지 빼앗아 간다. (D. 카네기)
● The blame is as dangerous fireworks, sometimes it takes away from the life of that person.(Dale B. Carnegie)

【묵상】 나의 심리(영)적 건강지수는 어느 정도입니까?

습관의 심리

심리학에서는 특정 행동과 특정 시간, 장소, 안정적인 맥락이 연합되고, 이러한 연합이 습관적 행동을 형성하는 것으로 파악한다. 그 결과 사람들은 문제를 해결하거나 업무를 처리할 때, 새로운 사람을 만날 때도 습관적으로 생각하고 행동한다. 습관이란 제한된 용량을 가진 우리들이 일상생활에서 해결해야 하는 여타 중요한 생각이나 행동을 보다 용이하게 만들기 위해 형성된 것이라고 할 수 있다. 습관은 자기조절자원을 고갈시키지 않고 중요한 결정을 위한 조절력을 유지할 수 있도록 해 준다.

그러나 여기에 습관의 함정이 있다. 습관대로 생각하고, 행동하는 것은 문제를 해결하는 데 단서가 되는 미세한 변화와 변수들을 놓치게 만들기 때문이다. 습관적 생각과 행동이 더 이상 적절하고 효과적인 반응이 아닐 때는 위험성이 있다. 그러므로 현재 나의 습관을 평가하는 것이 매주 중요하다. 왜냐하면 잘못된 습관이 지속되면 그러한 것들이 결국 자신의 인생을 지배하고 결정하기 때문이다. 즉 현재의 습관을 다스리지 못하면 습관이 나의 인생을 지배한다. 작심삼일의 습관을 벗어나지 않고는 어떠한 변화도 기대할 수 없다. 아무리 좋은 생각과 비전을 갖고 성공의 비법이 있어도, 어리석은 자기만의 습관을 극복하지 못하면 아무런 소용이 없다. 잘못된 습관과 싸워 이기지 않고서는 어떠한 변화도 기대할 수 없다. 그러므로 생애 가장 위대한 혁신은 바로 습관과 싸워 이기는 것이다.

● 습관의 심리학, 곽금주

"그러나 이 지식은 모든 사람에게 있는 것은 아니므로 어떤 이들은 지금까지 우상에 대한 습관이 있어 우상의 제물로 알고 먹는 고로 그들의 양심이 약하여지고 더러워지느니라"(고전 8:7)

습관은 제2의 천성이다.

● 습관은 제 2의 천성으로 제 1의 천성을 파괴한다(파스칼). 잘못된 습관을 바꿀 수 있는 사람은 자신의 인생을 바꿀 수 있습니다. "악은 어떤 모양이라도 버리라."(살전 5:22)

● 사람은 자신이 반복하는 습관으로 인해 결국에는 그 행동의 노예가됩니다. 그러므로 평소에 어떤 습관을 길들이냐에 따라 그 인생의 모습이결정이 됩니다.

● 어떤 행동이든 반복하면 습관이 됩니다. 트라얀 에드워드는 습관은처음에는 약한 거미줄 같지만 그대로 두면 우리를 꼼짝 못하게 묶는 쇠사슬이 된다고 했습니다.

● 하나님의 뜻을 따르지 않는 습관을 거룩한 습관으로 바꾸게 되면, 우리의 인생이 바뀌게 됩니다. "내 목소리를 청종하지 아니함이 네 습관이라."(렘 22:21)

● 습관의 주인이 될 것인지, 아니면 습관의 노예가 될 것인지를 결정하는 것은 결국 내가 하나님이 내게 주신 자유의지를 어떻게 사용하느냐에달려 있습니다.

【명언】
● 습관은 최상의 하인이 될 수도 있고 최악의 주인이 될 수도 있다. (나다니엘 에먼스)
● Habit is either the best of servants or the worst of masters. (Nathaniel Emmons)

【묵상】 나는 습관의 노예입니까? 주인입니까?

어떠한 습관이 있습니까?

● 어떤 습관을 길들이냐에 따라 인생이 좌우됩니다. 좋은 사람과 환경을 만나는 것도 중요하지만, 그것을 어떻게 내 것으로 만드느냐가 더욱 중요합니다.

● 본능에 따르는 습관이 있습니다. 오직 본능에 따라서만 산다면 동물적 수준의 삶을 사는 것입니다. 인간이 인간다울 수 있는 것은 본능을 다스릴 때 가능합니다.

● 전통에 따르는 습관이 있습니다. 세상에는 미신을 섬기는 전통, 우상을 섬기는 전통, 하나님을 섬기는 전통이 있습니다. 좋은 전통을 접할 수 있는 것도 축복입니다.

● 죄악에 익숙한 습관이 있습니다. 잘못된 습관을 거룩한 습관으로 바꿀 수 있는 것은 하나님의 은혜입니다. "악에 익숙한 너희도 선을 행할 수 있으리라."(렘 13:23)

● 거룩한 습관은 저절로 생기지 않습니다. 열정, 믿음, 노력, 성령의 인도가 있어야 합니다. "내가 거룩하니 너희도 거룩할지어다 하셨느니라."(벧전 1:16)

【명언】
● 습관은 동아줄과도 같다. 한 올 한 올 날마다 엮다보면 결국 끊지 못하게 된다. (호레이스 만)
● A habit is like a cable. We weave a thread of it everyday, and at least we can not break it. (Horace Mann)

【묵상】 내가 버려야 할 습관은 무엇입니까?

거룩한 습관이 있습니까?

● 욥은 자녀의 성결을 위해 습관적으로 번제를 드렸습니다. "욥이 말하기를 혹시 내 아들들이 죄를 범하여 마음으로 하나님을 배반하였을까 함이라."(욥1:5)

● 다니엘은 습관적으로 기도했습니다. "예루살렘으로 향하여 열린 창에서 전에 행하던 대로 하루 세 번씩 무릎을 꿇고 기도하여 그 하나님께 감사하였더라."(단 6:10)

● 예수님도 습관을 따라 기도했습니다. "예수께서 나가사 습관을 좇아 감람 산에 가시매 제자들도 좇았더니 그 곳에 이르러 저희에게 이르시되"(눅 22:39)

● 거룩하지 않은 습관은 버려야 합니다. "모이기를 폐하는 어떤 사람들의 습관과 같이 하지 말고 오직 권하여 그 날이 가까움을 볼수록 더욱 그리하자"(히 10:25)

● 육에 속한 습관을 버리고 거룩한 습관을 갖는 것은 하나님의 뜻입니다. "유혹의 욕심을 따라 썩어져 가는 구습을 따르는 옛 사람을 벗어 버리고 오직 너희의 심령이 새롭게 되어...새 사람을 입으라."(엡 4:22-24)

【명언】
● 인간의 궁극적인 목표는 행복이나 건강이 아니라 거룩함이다. (오스왈드 챔버스)
● Human ultimate goal is holiness, not happiness or health. (Oswald Chambers)

【묵상】 내가 가져야할 거룩한 습관은 무엇입니까?

완벽주의

많은 사람들은 보다 완벽하게 모든 일을 처리해 나가려는 노력이 현대 사회에 적응하는 것은 물론이고, 성공하기 위해 반드시 갖추어야 할 조건이라고 생각한다. 이처럼 사회적 관점에서 본 완벽주의 성향은 긍정적인 특성을 갖고 있는 것으로 여겨진다. 하지만, 개인의 심리적 관점에서의 완벽주의 성향은 부정적인 특성으로 받아들여져 왔다.

Burns(1980)는 완벽주의는 자신의 능력 이상으로 비합리적인 목표를 세워 그것을 도달하기 위해 애쓰는 특징으로 보았다. 완벽 그 자체는 존재하지 않는 것인데, 사람들이 존재하지 않는 완벽을 추구하고자하여 여러 가지 심리적인 문제를 일으킨다. 이처럼, 초기 완벽주의 연구들은 완벽주의를 단일차원의 개념으로 이해하면서 부정적인 특성으로 받아들이며 완벽주의에 관심을 가졌다(Ellis, 1958).

1990년대에 다차원적 측정도구를 이용하여 완벽주의에 대한 많은 경험적 연구들이 나오게 되면서 완벽주의를 바라보는 시야가 넓어지게 되었다. 그 결과 완벽주의를 기능적(적응적) 완벽주의와 역기능적(부적응적) 완벽주의로 구분하여 이해하기 위한 시도들이 많은 연구자들에 의해 이루어지고 있다. 완벽주의의 기능적 측면은 더 높은 자기 효능감, 자기 가치감, 학업적 성공, 긍정적 정서와 관련이 있었고, 역기능적 측면은 우울, 불안, 소진감 같은 부정적인 정서와 관련이 있었으며 스트레스에 소극적으로 대처했다. 또한 부적응적 완벽주의가 적응적 완벽주의보다 낮은 자존감을 보이는 것으로 나타났다.

"여호와께서는 높이 계셔도 낮은 자를 굽어살피시며 멀리서도 교만한 자를 아심이니이다"(시 138:6) "너희는 들을지어다, 귀를 기울일지어다, 교만하지 말지어다, 여호와께서 말씀하셨음이라"(겜 13:15)

문제가 없는 사람은 없다.

● 겉보기에 아주 행복해 보이는 사람에게도 사실 크고 작은 문제는 있습니다. 지금은 문제가 없어도 인생 전체를 돌아볼 때 언젠가는 문제를 만나게 됩니다.

● 건강문제, 자녀문제, 학업이나 진로 및 직장의 문제, 부부문제, 경제문제, 대인관계나 성격 문제, 노후문제, 의미의 문제, 인권문제 등 정말로 다양합니다.

● 그러나 해답이 없는 문제는 없습니다. 해답을 주어도 만족하지 않는 것이 문제입니다. 인생은 이러한 문제를 하나씩 풀어가는 하나의 과정입니다.

● 하나님이 주시는 문제이든지 아니면 내 욕심에 이끌려 생긴 문제이든지 문제를 해결하려면 주님의 지혜가 필요합니다. 예수님은 문제의 마스터 키가 됩니다.

● "하나님은 미쁘사 너희가 감당하지 못할 시험 당함을 허락하지 아니하시고 시험 당할 즈음에 피할 길을 내사 너희로 능히 감당하게 하시느니라."(고전 10:13)

【명언】
● 당신이 할 수 있다고 생각하면 할 수 있고, 할 수 없다고 생각하면 할 수 없다. (헨리 포드)
● If you think you may be. You can not if you think you can not do. (Henry Ford)

【묵상】 내가 해결해야 할 문제는 무엇입니까?

사람을 성장하게 하는 문제

● 사람들은 아무런 문제가 없는 평안한 삶을 원하지만 사람은 문제를 통해서 많은 것을 배우고 성숙하게 됩니다. 문제가 반드시 나쁜 것만은 아닙니다.

● 문제가 인격을 다듬어지게 합니다. 고난의 풀무 불을 통해 연단이 됩니다. "내가 너를 연단하였으나 은처럼 하지 아니하고 너를 고난의 풀무 불에서 택하였노라."(사 48:10)

● 문제가 사람을 겸손하게 합니다. 하나님은 고난을 도구로 교만한 자를 낮추십니다. "하나님이 교만한 자를 물리치시고 겸손한 자에게 은혜를 주신다 하였느니라."(약 4:6)

● 문제가 심리적으로 성숙하게 합니다. 자기만 생각하던 사람이 주변을 돌아보게 됩니다. "모든 일에 전심전력하여 너의 성숙함을 모든 사람에게 나타나게 하라."(딤전 4:15)

● 문제가 영적으로 거룩하게 합니다. 죄 문제로 고통을 당하면 죄를 멀리하게 됩니다. "고난당하기 전에는 내가 그릇 행하였더니 이제는 주의 말씀을 지키나이다."(시 119:67)

【명언】
● 진정으로 웃으려면 고통을 참아야 하며, 나아가 고통을 즐길 줄 알아야 해! (찰리 채플린)
● To truly laugh, you must be able to take your pain, and play with it! (Charlie Chaplin)

【묵상】 나를 성장시킨 고난은 무엇이었습니까?

문제의 해결사

● 예수님은 건강의 문제를 해결하십니다. 예수님이 고치지 못할 질병은 없습니다. 이 사실을 믿는 믿음이 있느냐가 중요합니다. "인자가 올 때에 세상에서 믿음을 보겠느냐 하시니라."(눅 18:8)

● 예수님은 경제의 문제를 해결하십니다. 내가 게으르지 않고, 욕심 부리지 않으면 예수님이 책임지십니다. "너희는 무엇을 먹을까 무엇을 마실까 하여 구하지 말며 근심하지도 말라."(눅 12:29)

● 예수님은 관계의 문제를 해결하십니다. 화목제물이 되어 관계를 회복했습니다. "그는 우리의 화평이신지라 둘로 하나를 만드사 원수 된 것 곧 중간에 막힌 담을 자기 육체로 허시고"(엡2 :14)

● 예수님은 마음의 문제를 해결하십니다. 마음의 근심과 염려와 불안을 거두어 주십니다. "나의 평안을 너희에게 주노라 내가 너희에게 주는 것은 세상이 주는 것과 같지 아니하니라."(요 14:27)

● 예수님은 죄의 문제를 해결하십니다. 회개를 하면 어떤 죄라도 다 용서됩니다. "너희의 죄가 주홍 같을지라도 눈과 같이 희어질 것이요 진홍 같이 붉을지라도 양털 같이 희게 되리라."(사 1:18)

【명언】
● 세상에는 모든 것의 원인이 있으므로, 인간들은 신의 존재를 필연적으로 여겨야만 한다. (존 로크)
● Because the world is the cause of all things, humans must inevitably accept the existence of God. (John Locke)

【묵상】 예수님이 해결한 내 문제는 무엇입니까?

유혹의 전략

C.S 루이스는 인간을 유혹하는 악마의 전략을 제시했다. 보이지 않는 형태로 존재하는 악마는 인간 세계에 상주하며 인간을 유혹할 기회를 호시탐탐 노린다. 악마는 세상에 죽음과 죄를 가져온 중요한 원인 제공자들이며, 그들의 임무는 인간을 타락시켜 그 영혼을 지옥으로 데려가는 것이다. 루이스가 제시하는 악마의 전략은 중세시대 카톨릭 수도사들이 '인간을 죽음에 이르게 하는 악덕'으로 분류하고 경계했던 7가지의 죄, 즉 교만, 나태, 정욕, 탐식, 질투, 인색, 분노이다. 교만과 나태는 악마의 영적 공격을, 정

욕과 탐식은 악마의 육적 공격을, 그리고 질투, 인색, 분노는 악마의 세상적 공격을 이겨내지 못했을 때 인간이 저지르게 되는 죄들이다(Patterson).

악마는 인간이 죄를 지어 점점 악의 구렁텅이에 빠져들게 하는 것을 목표로 한다. 따라서 인간을 유혹하는데 있어 중요한 것은 죄의 무게와 죄질이 아니라 유혹의 결과가 그 인간을 얼마나 하나님으로부터 멀어지게 하는가에 있다. 따라서 도박죄와 살인죄는 죄의 무게와 죄질이 다르지만, 인간을 타락하게 하는 결과를 가져온다는 점에서 둘은 크게 다르지 않다.

악마는 회심한 인간을 하나님에게서 멀어지게 하기 위해 육적으로 타락시키는 방법을 쓴다. 또한 인간이 죄의 반복을 통해 시간이 흐를수록 죄짓는 것에 무감각해져 악마를 닮아가게 하는 것을 목표로 한다. 인간이 미래에 대한 지나친 불안과 걱정에 사로잡혀 살도록 하는 것이 악마가 유혹하는 목표이다. 때로 기독교인으로 사는 것을 부끄럽게 여기게 만드는 전략을 사용하기도 한다.

● 스크루지테이프의 편지, C.S 루이스

"여인이 날마다 요셉에게 청하였으나 요셉이 듣지 아니하여 동침하지 아니할 뿐더러 함께 있지도 아니하니라 그러할 때에 요셉이 그의 일을 하러 그 집에 들어갔더니 그 집 사람들은 하나도 거기에 없었더라"(창 39:10-11)

유혹에 이르게 하는 것

● 보는 것을 통해 유혹합니다. 보암직한 선악과가 아담의 눈을 유혹했고, 보디발 아내는 눈짓으로 요셉을 유혹했습니다(창 39:7) 보는 것을 조심해야 합니다.

● 듣는 것을 통해서 유혹합니다. 사탄은 아담에게 하나님같이 될 수 있다고 했고, 보디발 아내도 요셉에게 동침하자고 속삭였습니다(창 39:10). 분별해서 들어야 합니다.

● 먹는 것을 통해 유혹합니다. 사탄은 선악과로 아담과 하와를 유혹했고, 금식하신 예수께 돌로 떡을 만들라는 유혹을 했습니다(마 4:1-4). 사탄은 본능적 욕구를 자극하여 유혹합니다.

● 생각을 통해서도 유혹합니다. 사탄은 인간에게 의심하는 생각, 교만한 생각, 악한 생각으로 죄 짓게 합니다. "무릇 지킬만한 것보다 네 마음을 지키라."(잠 4:23)

● 아담과 하와는 이러한 유혹을 이기지 못하여 죄를 짓고, 에덴동산에서 쫓겨났지만, 요셉은 그런 유혹을 뿌리침으로 애굽의 재상이 되는 형통함의 복을 받았습니다(창 39:23).

【명언】
● 악마는 유혹하고 때로는 속인다. 그러나 하나님의 유혹은 성도의 신실함에 대한 시험이다. (토마스 왓슨)
● The Devil tempts to lie sometimes. But the temptation of God is a test for the sincerity of the Saints. (Thomas Watson)

【묵상】 유혹에 약한 부분은 무엇입니까?

유혹을 극복한 요셉

● 요셉은 이성의 유혹을 극복했습니다. 보디발 아내는 눈짓과 속삭임으로 날마다 유혹했으나 요셉은 거절했고 함께 있지도 않고 심지어 도망을 갔습니다(창 39:8-13).

● 요셉은 물질의 유혹을 이겨냈습니다. 보디발은 요셉에게 그의 모든 소유물을 주관하게 했으나, 요셉은 물질의 유혹에 흔들림이 없이 잘 감당했습니다(창 39:4-6).

● 요셉은 원망의 유혹에 넘어가지 않았습니다. 종으로 판 형들과 감옥에 넣은 보디발 아내와 꿈을 해석했지만 2년간 요셉을 잊었던 술 관원장을 원망하지 않았습니다.

● 요셉은 좌절의 유혹에도 흔들리지 않았습니다. 계속되는 고난으로 꿈이 물거품이 되는 것 같아 좌절할 수도 있었겠지만 그는 어느 곳에서나 성실하게 최선을 다했습니다(창 39:22).

● 복수의 유혹을 물리쳤습니다. "나를 이곳에 팔았다고 해서 근심하지 마소서. 한탄하지 마소서 하나님이 생명을 구원하시려고 나를 당신들보다 먼저 보내셨나이다."(창 45:5)

【명언】
● 유혹에 빠지지 않게 기도하라. (예수 그리스도, 눅 22:40)
● Pray that you will not fall into temptation. (Jesus Christ, Luke 22:40)

【묵상】 어떻게 유혹을 극복하십니까?

사탄의 유혹 전략

● 사탄은 거짓말로 유혹합니다. 사탄은 아담에게 "선악을 알게 하는 나무의 실과를 먹으면 결코 죽지 않으며 하나님같이 된다."고 했지만 이는 거짓말입니다(창 3:4-5).

● 사탄은 위장을 하고 유혹합니다. 사탄은 종종 자신을 광명의 천사로 가장하여 우리를 미혹합니다. "사탄도 자기를 광명의 천사로 가장하나니… 그들의 마지막은 그 행위대로 되리라."(고후 11:14-15)

● 사탄은 약점을 집중 공략합니다. 사탄은 아담과 하와가 선악과를 보고 먹음직스럽고 탐스러워하는 것과 하나님처럼 높아지고자 하는 욕망을 자극했습니다(창 3:5-6).

● 사탄은 날마다 유혹합니다. '열 번 찍어 안 넘어가는 나무 없다'는 속담처럼 사탄은 날마다 유혹합니다. 보디발의 아내는 요셉을 날마다 유혹했습니다(창 39:10).

● 사탄의 유혹에 빠지지 않으려면 기도와 말씀으로 깨어 있어야 합니다. "그 곳에 이르러 그들에게 이르시되 유혹에 빠지지 않게 기도하라."(눅 22:40)

【명언】
● 사람은 육체의 욕망, 교만, 욕심에 의해 유혹 된다. 이것 때문에 인간에게 온갖 불행이 찾아온다. (F. 베이컨)
● People are tempted by desires of the flesh, arrogance, greed. This all brings misery to man because of this. (Francis Bacon)

【묵상】 어떻게 사탄의 유혹을 극복할까요?

중독의 심리

오늘날 현대인은 인터넷 중독, 게임 중독, 쇼핑 중독, 도박 중독, 알코올 중독, 니코틴 중독, 약물 중독, 성 중독, 일 중독, 관계 중독에 이르기까지 한 가지 이상의 중독 증상을 갖지 않은 사람을 찾지 못할 정도로 많은 종류의 중독 증상으로 고통을 당한다. 현대 포스트모던 문화는 엄청난 변화와 무한 경쟁의 사회이기에 극도의 스트레스와 자기애적 이기주의로 의해 결국 중독으로 갈 수밖에 없는 구조를 가지고 있다. 중독적인 사회, 중독을 권하는 사회라고 할 수 있다.

중독은 극심한 스트레스와 고독감, 불안, 두려움과 절망을 잊이 보려고 하는 시도이며, 습관의 포로이다. 중독은 도피의 한 방편일 뿐 해법이 아니라 오히려 치명적인 사고의 오류로 자신이 친 덫에 자신이 걸린다. 약물의 지나친 투여와 중독적인 행위를 통하여 현실을 도피하고자 하면 할수록, 인생을 조여 가는 올무처럼 중독은 결국 죽음과 파멸로 이끈다.

의지적 결단이나 마음만 먹으면 끊을 수 있다고들 하지만 중독은 의지적 결단으로는 조종과 통제가 안 되는 '질병'으로 다음 세대에 전수되는 특징이 있다. 그러나 중독자와 그의 가족들은 이러한 사실을 받아들이려고 하지 않는다. 중독의 치료는 중독자의 배우자부터 시작해야한다. 왜냐하면 역기능적인 중독자와 오랫동안 같이 살아온 결과 배우자와 자녀들이 중독자에 동반의존 되어 있기 때문이다.

● 중독의 덫 이해하기, 김영희 역

"이는 세상에 있는 모든 것이 육신의 정욕과 안목의 정욕과 이생의 자랑이니다 아버지께로부터 온 것이 아니요 세상으로부터 온 것이라 이 세상도, 그 정욕도 지나가되 오직 하나님의 뜻을 행하는 자는 영원히 거하느니라"(요한1서 2:16-17)

자유를 찾아 나선 탕자

● 현대인은 '자유를 찾아 나선 탕자'와 같다(코넬리우스 반틸). 자유를 향한 인간의 욕망은 끝이 없습니다. 이런 욕망의 결과가 결국 인간을 타락하게 했습니다.

● 인간은 도저히 넘어서는 안 될 자유의 선을 넘었습니다. 그것은 '하나님으로부터의 독립선언'입니다. 인간의 비극은 여기에서부터 시작이 되었습니다.

● 인간은 하나님이 자신들의 자유를 박탈하는 분으로 오해하고 있습니다. 그러나 자유란 하나님이 인간에게 베푼 최대 축복중의 하나입니다(세르반테스).

● 어항 속의 물고기는 물 안에 있을 때에 진정으로 자유합니다. 어항 밖의 세상을 향해 물고기가 밖으로 나오는 순간 질식하듯이 사람도 예수 밖으로 나가면 그 영혼이 죽습니다.

● "그리스도께서 우리를 자유롭게 하려고 자유를 주셨으니 그러므로 굳건하게 서서 다시는 종의 멍에를 메지 말라."(갈 5:1) "진리가 너희를 자유롭게 하리라."(요 8:32)

【명언】
● 사람이 하나님처럼 살 수 있다면, 그는 진정 자유로운 것이다. (제이 E. 아담스)
● If someone can live like God, he is truly free. (Jay E. Adams)

【묵상】 진정한 자유를 누리고 계십니까?

무엇에 매여 사십니까?

● 자유인이라고 자처 하는 사람들도 사실은 뭔가에 매여 사는 존재입니다. 나는 무엇에 매여 있습니까? 무엇에 매여 있느냐에 따라 인생이 결정됩니다.

● 죄악에 매인 자가 있습니다. 이들은 육신의 정욕을 위해서라면 죄 짓는 일을 쉽게 생각합니다. 그러나 죄의 종노릇하는 자들은 결국 사망에 이르게 됩니다(롬 6:16).

● 율법에 매인 자가 있습니다. 이들은 판단하고 정죄하기를 좋아하지만, 복음이 주는 평안과 자유함은 없습니다. "진리를 알지니 진리가 너희를 자유롭게 하리라."(요 8:32)

● 양심에 매인 자가 있습니다. "나는 범사에 양심을 따라 하나님을 섬겼노라."(행 23:1) 때로 양심적인 사람일수록 자신의 의를 자랑하므로 하나님 믿기 어렵습니다.

● 성령에 매인 자가 있습니다. "나는 성령에 매여 예루살렘으로 가는데 거기서 무슨 일을 당할는지 알지 못하노라."(행 20:22) 이들은 죄와 죽음으로부터 자유합니다.

【명언】
● 인간은 자유롭다. 그러나 그 자유는 하나님께 얽매일 때 자유로운 것이다. (에밀 부르너)
● Humans are free. However, that freedom is free when tied to God. (Emil Brunner)

【묵상】 나는 어떤 것에 매여 살고 있습니까?

중독에 빠지는 이유

● 사람은 일과 인간관계 혹은 여가 생활에서 모두 만족을 얻게 되면 나름 행복하게 살 수 있다(아들러). 그러나 어느 하나에 불만족하게 되면 의존 대상을 찾습니다.

● 예를 들어, 일이 뜻대로 풀리지 않을 때에 술을 찾기도 하고, 인간관계에서 외로움이나 갈등을 느낄 때, 담배를 피우기도 하며 공부 집중이 안 되니까 게임을 합니다.

● 반면 심리적으로나 영적으로 건강한 사람은 특별한 의존 대상(중독)이 없이도 자신의 일과 인간관계나 취미 등 여가 생활에 큰 어려움이 없이 살아갈 수 있습니다.

● 그러나 중독자는 이러한 부분에서 불만과 갈등이 있기 때문에 그것을 대체할 어떤 것을 찾게 됩니다. 충분한 사랑을 받게 되면 마음이 평안하고 만족스럽기 때문에, 의존할 다른 대체물을 더 이상 찾지 않게 됩니다.

● 부모와 하나님의 풍성한 사랑을 받으면 중독되지 않습니다. "주의 은혜가 그리스도 예수 안에 있는 믿음과 사랑과 함께 넘치도록 풍성하였도다."(딤전 1:14)

【명언】
● 중독자는 자신이 원하는 것을 '지금 당장'에 원하며 인내하지 못한다. (크레이그 네켄)
● Addicts can not patience, because he wants to 'right now' what he wants. (Craig Nakken)

【묵상】마음이 공허할 때 어떻게 하십니까?

자존감

자존감(self-esteem)은 그리스도인들에게 딜레마라고 할 수 있다. 자신을 절대 긍정적으로 봐야 한다는 진보적 기독교심리학자들과, 이에 못지 않게 자신을 절대 부정적으로 봐야 한다는 보수적 기독교상담학자들 사이에 끼여 있기 때문이다. 제이 아담스(Jay E. Adams)와 폴 비츠(Paul C. Vitz) 같은 영향력 있는 기독교상담학자들은 자존감에 대한 새로운 관심이 자기 숭배를 위한 구실이라고 주장한다. 아담스는 자존감을 '이교도적'개념으로 묘사하면서 우리는 '자기 가치'를 논할 것이 아니라 자신을 '범죄자'로보고 '날마다 자신을 죽여야 한다'고 했다. 반면에 로버트 슐러는 자존감을 "신적 존엄성에 대한 인간의 갈급함으로, 이는 우리가 하나님의 형상대로 지음 받은 자녀로서 그분으로부터 부여받은 타고난 정서적 특권"이라고 정의한다.

그렇다면 현대 심리학에서는 자존감을 어떻게 보는가? 프로이트는 자아를 본능의 노예로 보았지만, 그 이후 심리학의 중요한 진척 중에 하나는 자아가 무의식적 본능에 지배당한다고 보기보다는 오히려 주도적 방식으로 기능할 수 있다고 보았다. 즉 인간은 자신의 삶을 좀더 적극적으로 통제하는 존재로 이해했다. 인본주의 심리학자 아브라함 매슬로우(Abraham Maslow)는 인간의 5대 욕구 가운데 하나로 자존감의 욕구를 주장했다. 자존감이란 자신을 존중하고 사랑하는 마음으로써 어린 시절 동안에 가족 관계가 자존감 발달에 결정적 역할을 하는 것으로 알려져 있다. 캐런 호니(Karen Honey)는 낮은 자존감은 과도하게 인정받기를 원하고 애정을 갈망하며, 개인적 성취에 대한 극단적인 열망을 표현하는 성격의 발달로 이루어진다고 주장했다.

"하나님이 이르시되 그가 나를 사랑한즉 내가 그를 건지리라 그가 내 이름을 안즉 내가 그를 높이리라 그가 내게 간구하리니 내가 그에게 응답하리라 그들이 환난 당할 때에 내가 그와 함께 하여 그를 건지고 영화롭게 하리라"(시 91:14-15)

자존감이 낮은 이유

● 비난을 받을수록 자존감이 낮아집니다. "이웃을 은근히 헐뜯는 자를 내가 멸할 것이요 눈이 높고 마음이 교만한 자를 내가 용납하지 아니하리로다."(시 101:5)

● 충분한 사랑을 받지 못하면 자존감이 낮을 수 밖에 없습니다. "여호와께서 레아가 사랑 받지 못함을 보시고 그의 태를 여셨으나 라헬은 자녀가 없었더라."(창 29:31)

● 계속된 실패를 경험하게 되어도 자존감이 낮아집니다. "소망이 더디 이루어지면 그것이 마음을 상하게 하거니와 소원이 이루어지는 것은 곧 생명나무니라."(잠 13:12)

● 부모의 부정적인 양육태도가 자녀의 자존감을 낮게 만드는 큰 요인이 됩니다. "또 아비들아 너희 자녀를 노엽게 하지 말고 오직 주의 교훈과 훈계로 양육하라"(엡 6:4)

● 자신의 강점을 수용하지 못할 때입니다. 하나님께서는 각각 그 재능대로 강점과 달란트를 주셨습니다(마 25:15) 자신의 강점과 현재의 모습을 받아들이는 것이 중요합니다.

【명언】
● 다른 사람으로부터 존중받기 원한다면, 먼저 너 자신을 존중하라. (발타사르 그라시안)
● Respect yourself if you would have others respect you. (Baltasar Gracian)

【묵상】 나의 자존감은 어느 정도입니까?

내 자존감은 건강합니까?

● 자존감이 건강한 사람은 자신을 매우 소중한 존재라고 생각합니다. "너희는 택하신 족속이요 왕 같은 제사장들이요 거룩한 나라요 그의 소유가 된 백성이니"(벧전 2:9)

● 나를 타인에게 얼마나 개방할 수 있습니까? 건강한 자존감과 자기 개방은 비례합니다. "내가 자녀에게 말하듯 하노니 보답하는 것으로 너희도 마음을 넓히라"(고후6:13)

● 자존감이 건강한 사람은 자신의 필요나 감정을 타인에게 적절하게 표현합니다. "네게 무엇을 하여 주기를 원하느냐 맹인이 이르되 선생님이여 보기를 원하나이다"(막 10:51)

● 자존감이 높을수록 타인을 수용할 수 있습니다. 예수님은 모든 죄인을 품었습니다. "수고하고 무거운 짐 진 자들아 다 내게로 오라 내가 너희를 쉬게 하리라"(마11:28)

● 자존감이 건강하면 타인의 반응에 쉽게 흔들리지 않습니다. 반면에, 자존감이 낮으면 타인의 반응에 예민합니다. "내 사랑하는 형제들아 견실하며 흔들리지 말고"(고전 15:58)

【명언】
● 사랑받기 위한 첫 단계는 당신의 거울에 비친 자신의 모습을 보고 사랑하기를 배우는 것이다.(타다히코 나가오)
● The first step toward being loved is learning to love what you see when you look in the mirror. (Tadahiko Nagao)

【묵상】 나의 자존감은 얼마나 건강합니까?

자존감의 근거는 무엇인가?

● 내가 진화된 존재가 아니라 하나님이 창조하신 피조물이라는 것이 내 자존감의 근거입니다. "하나님이 지으신 그 모든 것을 보시니 보시기에 심히 좋았더라."(창1:31)

● 지금도 하나님의 사랑을 받고 있다고 믿는 사람의 자존감은 높습니다. "어떤 피조물이라도 우리를 그리스도 예수 안에 있는 하나님의 사랑에서 끊을 수 없으리라."(롬8:39)

● 하나님의 자녀가 되었다는 믿음이 크리스챤으로써의 자존감 근거가 됩니다. "너희는 택하신 족속이요 왕 같은 제사장들이요 한 나라요 그의 소유가 된 백성이니"(벧전 2:9)

● 하나님이 나를 천하보다 귀한 존재로 여기기 때문에 나 역시 내 자신을 그런 존재로 여겨야 합니다. "존귀하나 깨닫지 못하는 사람은 멸망하는 짐승 같도다"(시 49:20)

● 예수 이름의 권세를 가진 자로써 구하는 것마다 응답받기 때문에 소중한 존재입니다. "너희가 무엇이든지 아버지께 구하는 것을 내 이름으로 주시리라"(요 16:23)

【명언】
● 너무나 많은 사람이 자신의 부족함을 과대평가하고 실제보다는 자신을 과소평가한다. (말콤 포브스)
● Too many people overvalue what they are not and undervalue what they are. (Malcolm S. Forbes)

【묵상】 내 자존감의 근거는 무엇입니까?

탐욕의 심리

필리스 A 티클은 "탐욕은 전염성이 강한 질병이며, 종교적인 죄악으로서의 탐욕과 근대의 이성적인 탐욕, 그리고 권력과 부를 향한 탐욕이 있다."고 했다. (1) 종교적인 죄악으로서의 탐욕은 바울이 "돈을 사랑하는 것이 모든 악의 근원이라"고 했던 가르침을 통해 나타난다. 초기 교회는 탐욕이 모든 악의 뿌리라는 바울의 경고를 그대로 받아들였지만 후대 교회는 그의 말을 절제를 강조하는 금언 정도로만 여겼다. 프루덴티우스는 "탐욕이 인간의 삶을 재앙으로 감싸고 있는 탓에 인간은 지옥의 불에 떨어질 때에야 비로소 거기서 벗어날 수 있다"고 했다.

(2) 근대의 이성적 탐욕은 종교개혁이후에 시작되었다. 자율성이 크게 증대되고 이성이 분출하는 상황에서 탐욕은 점차 죄와 저주의 인식에서 벗어나게 되었다. 이 시기에는 탐욕을 죄악의 시선으로 보기 보다는 "심리학이 폐기시킨 낡아 빠진 이론적, 철학적 전통의 유물"이라고 보았다. 그리고 이러한 다소 거친 평가에 공감하고 수용하면 인간이 행복해 질 수 있다고 믿었다.

(3) 권력과 부를 향한 현대의 탐욕은 신이 죽었다고 선언했던 니체의 말에서부터 시작된다. 니체는 권력을 빼앗기 위해서는 세 가지가 필요한데 그것이 곧 탐욕, 시기, 증오라고 했다. 이들은 인간의 영혼을 위한 싸움에서 적으로 등장했다가 나중에는 인간의 행복을 위한 투쟁에도 관여하더니 이제는 인간을 완성시키는 힘을 가진 도구라고 보았다.

● 탐욕, 필리스 A 티클, 남경태 역

"이기기를 다투는 자마다 모든 일에 절제하나니 그들은 썩을 승리자의 관을 얻고자 하되 우리는 썩지 아니할 것을 얻고자 하노라 그러므로 나는 달음질하기를 향방 없는 것 같이 아니하고 싸우기를 허공을 치는 것 같이 아니하며"(고전 9:25-26)

탐욕이 문제입니다.

● 인간에게 전혀 욕심이나 욕구가 없다면 결코 생존이나 성장을 기대할 수 없을 것입니다. 그런 면에서 인간의 다양한 욕구는 행복을 위한 하나님의 선물입니다.

● 그러나 지나친 욕심 곧 탐욕은 문제입니다. "음행과 온갖 더러운 것과 탐욕은 너희 중에서 그 이름조차도 부르지 말라 이는 성도에게 마땅한 바니라."(엡 5:3)

● 탐욕은 더 큰 것을 잃게 만듭니다. "탐욕을 부리는 자나 술 취하는 자나 모욕하는 자나 속여 빼앗는 자들은 하나님의 나라를 유업으로 받지 못하리라."(고전 6:10)

● 탐욕은 마치 브레이크 없는 차와 같습니다. 그러나 성령의 사람은 절제하며 자족할 줄 아는 자입니다. "내가 궁핍함으로 말하는 것이 아니니라 어떠한 형편에든지 나는 자족하기를 배웠노니"(빌 4:11)

● 범사에 절제해야 하지만 영적인 욕심까지 포기해서는 안 됩니다. "세례 요한의 때부터 지금까지 천국은 침노를 당하나니 침노하는 자는 빼앗느니라."(마 11:12)

【명언】
● 통제력은 우리의 정신 건강과 성공에 필수불가결한 것이다. (로버트 F. 베넷)
● It is essential to our mental health, and our success, that we take control. (Robert F. Bennett)

【묵상】 탐욕으로 인해 힘들었던 경험이 있습니까?

탐욕의 증상을 아십니까?

● 몸에 증상이 나타납니다. 탐욕이 있으면 과로를 할 수밖에 없어서 몸이 상하게 됩니다. "욕심 때문에 육체와 정신도 병이 들고 성하지 못하게 되는 것이다."(한비자)

● 마음에도 증상이 나타납니다. 욕심이 많을수록 마음이 평안하지 않습니다. "사람의 괴로움은 끝없는 욕심에 있다. 분수에 맞게 만족하게 되면 마음은 항상 즐겁다."(채근담)

● 관계에도 신호가 옵니다. 탐욕은 관계를 어긋나게 하거나 단절시키게 됩니다. "욕심이 많은 자는 다툼을 일으키나 여호와를 의지하는 자는 풍족하게 되느니라."(잠 28:25)

● 영적인 증상이 있습니다. 탐욕은 결국 하나님을 떠나게 만들어 버립니다. "세상의 염려와 재물의 유혹과 기타 욕심이 들어와 말씀을 막아 결실하지 못하게 되는 자요."(막 4:19)

● 탐욕을 절제해야 승리합니다. "이기기를 다투는 자마다 모든 일에 절제하나니"(고전 9:25) "내 마음을 주의 증거들에게 향하게 하시고 탐욕으로 향하지 말게 하소서."(시 119:36)

【명언】
● 인간은 날 때부터 허영심이 강하고, 질투하기 쉬우며, 자기 이익을 위해서 무한한 탐욕을 지닌 자이다. (N. 마키아벨리)
● Human vanity is strong, easy to envy, with the existence of infinite greed for self-interest. Since are born. (Niccolo Machiavelli)

【묵상】 탐욕을 극복하려면 어떻게 할까요?

탐욕이 화를 부릅니다.

● 하나님은 탐욕스러운 자에게 화가 임하도록 하십니다. "화 있을진저 외식하는 서기관들과 바리새인들이여 잔과 대접의 겉은 깨끗이 하되 그 안에는 탐욕과 방탕으로 가득하게 하는도다."(마 23:25)

● 탐욕은 성령을 거스릅니다. "육체의 소욕은 성령을 거스르고 성령의 소욕은 육체를 거스르나니 이 둘이 서로 대적함으로 너희의 원하는 것을 하지 못하게 함이라."(갈 5:17)

● 탐욕은 영적인 결실을 맺지 못하도록 합니다. "세상의 염려와 재물의 유혹과 기타 욕심이 들어와 말씀을 막아 결실하지 못하게 되는 자요."(막 4:19)

● 탐욕의 결국은 사망입니다. "욕심이 잉태한즉 죄를 낳고 죄가 장성한즉 사망을 낳느니라."(약 1:15) 사업을 망하게 하고, 사람을 죽게 만드는 최초의 원인은 욕심입니다.

● 탐욕은 내 힘이 아니라 성령의 능력으로 극복할 수 있습니다. "내가 이르노니 너희는 성령을 따라 행하라 그리하면 육체의 욕심을 이루지 아니하리라."(갈 5:16)

【명언】
● 탐욕은 모든 것을 얻고자 욕심을 내는 것이지만, 결국은 모든 것을 잃어버리게 된다. (M. 몽테뉴)
● Greed is the desire to gain everything, but it is eventually lost everything. (Michel de Montaigne)

【묵상】 탐욕의 결과는 무엇일까요?

회귀본능 (回歸本能)

　강에서 태어난 연어는 2-3개월을 강에서 보낸 후 바다로 나가 생활을 하다가 3-7년 정도 지나 산란기가 되면 북태평양으로부터 8천에서 1만 km에 이르는 머나먼 바닷길을 돌아 자신이 태어난 강으로 정확히 돌아온다. 강으로 돌아온 연어는 본능적으로 냄새를 확인하고 빠른 물살을 역류하며 자신이 태어난 곳을 향하여 전진한다. 놀라운 사실은 모든 연어는 자신이 태어난 하천이 있는 연안의 유역 권에 들어오면 뛰어난 회귀 본능이 발동하여 그 모천(母天)주변에 여러 하천이 있어도 자신이 태어난 하천을 찾아서 어김없이 들어간다.

연어들의 이러한 과정은 놀라운 일이다. 그들은 때를 기다릴 줄 알며 목적에 대한 본능은 그 어떤 것보다 강하다. 거센 물살을 역류하면서, 뛰어 넘는 연어의 모습 속에서 그들의 본능적 욕망이 얼마나 큰지 느낄 수 있다. 연어는 귀소본능으로 인하여 겪게 되는 어떤 고통도 감수한다. 상처가 나고 찢겨져 나가는 고통을 인내하면서, 자신의 길을 향해 가며, 그들은 그렇게 고향을 찾아간다. 민물로 돌아온 연어 어미는 일단 먹이 섭취를 중단하여 저장된 지방과 근육으로 산란을 수행한다. 산란을 마친 연어는 산란을 위해 모든 힘을 소진하여 생을 마감함으로 연어의 일생은 끝이 난다. 연어는 그들의 일생의 과업인 종족번식이라는 하나의 목적을 위해 숨 가쁘게 달려가는 것이다. 이처럼 자신들의 마지막 과업을 위해 고향을 향해가는 연어들의 모습에서 매일 같이 자신들이 세운 인생의 목적을 위해 어디론가 열심히 달려가는 사람들의 모습을 보면서, 인간이 궁극적으로 가야할 본향의 모습과 내 자신을 보게 된다.

"내 아버지 집에 거할 곳이 많도다 그렇지 않으면 너희에게 일렀으리라 내가 너희를 위하여 거처를 예비하러 가노니 가서 너희를 위하여 거처를 예비하면 내가 다시 와서 너희를 내게로 영접하여 나 있는 곳에 너희도 있게 하리라"(요 14:2-3)

돌아갈 본향이 있습니까?

● 20세기에 가장 존경을 받았던 실존주의 철학자 싸르트르는 '자유'라는 제목 하에 수많은 수필과 감동적인 글을 남겼습니다. 그러다가 폐수종으로 입원을 하게 되었습니다.

● 그는 그동안 남긴 고상한 글들을 무색케 할 정도로 입원 후에 그야말로 발악하며 몸부림을 쳤습니다. 체면불구하고 찾아오는 이들에게 살려달라고 절규했습니다.

● 죽음에 대한 불안과 두려움으로 간호하던 아내에게 병명도 물어보지 못했습니다. 1980년 4월 16일 싸르트르는 입원 한 달 만에 그렇게 세상을 떠나게 되었습니다.

● 그가 세상을 떠난 후 프랑스 신문들은 대서특필했습니다. 죽음에서 자유하자고 그렇게 외쳤던 싸르트르의 종말은 왜 그렇게 비참했는가? 그 이유는 무엇인가?

● 그 이유는 그에게 돌아갈 고향이 없었기 때문이었다고 했습니다. "우리의 시민권은 하늘에 있는지라."(빌 3:20) 인생의 해가 질 때 돌아갈 본향이 있습니까?

【명언】
● 세례요한의 때부터 지금까지 천국은 침노를 당하나니 침노하는 자는 빼앗느니라. (예수, 마11:12)
● From the days of John the Baptist until now the kingdom of heaven suffer violence, and the violent take it by force. (Jesus)

【묵상】 내가 돌아갈 본향은 어디입니까?

천국 분양을 받으셨습니까?

● 하나님을 믿지 않는 사람들도 때로 '천국'이라는 말은 즐겨 사용합니다. 김밥 천국, 과일 천국, 알바 천국, 부동산 천국, 심지어 도박 천국도 있습니다.

● 사람들이 천국이라는 말을 즐겨 사용하면서도 세상에서 아파트 분양받는 것보다 천국 분양에는 관심이 없습니다. 천국은 침노하는 자의 것입니다(마 11:12).

● 이 땅 위에서의 천국이 있습니다. 성령의 다스림을 구하면 천국을 이 땅에서도 미리 경험할 수 있습니다. 즉 마음의 천국, 가정의 천국, 교회의 천국을 누릴 수 있습니다.

● 죽은 뒤에 가는 천국이 있습니다. "흙은 여전히 땅으로 돌아가고 영은 그것을 주신 하나님께로 돌아가기 전에 기억하라."(전 12:7) 천국은 성도가 가게 될 본향입니다(요 14:2-3).

● 천국 분양에 청약통장이나 우선순위가 필요 없습니다. 오직 믿음만 있으면 누구나 분양받을 수 있습니다. 그러나 죽은 후에는 기회가 없다는 것을 명심해야 합니다.

【명언】
● 천국의 가치를 알려면 15분 정도 지옥에 있어보는 것이 좋다. (J. 킬튼)
● It should have a 15-minute Hell, to find the value of the Kingdom. (James Kilton)

【묵상】 어떤 천국에서 살기 원하십니까?

천국에 없는 5가지

● 천국에는 밤과 어두움이 없습니다. "밤이 없겠고 등불과 햇빛이 쓸데 없으니 이는 주 하나님이 저희에게 비춰심이라 저희가 세세토록 왕 노릇하리로다."(계 22:5)

● 천국에는 시집(장가)가는 일이 없습니다. "죽은 자 가운데서 살아날 때에는 장가도 아니 가고 시집도 아니 가고...천사들과 같으니라."(막 12:25) 결혼식장이 필요 없습니다.

● 천국에는 죄 지을 일이 없습니다. "무엇이든지 속된 것이나 가증한 일 또는 거짓말하는 자는 결코 그리로 들어가지 못하되"(계 21:27) 죄인이 없으므로 감옥도 없습니다.

● 천국에는 질병과 고통이 없습니다. "육의 몸으로 심고 신령한 몸으로 다시 살아나나니"(고전 15:44) 질병이 없는 신령한 몸으로 부활하기 때문에 약국(병원)이 없습니다.

● 천국에는 죽음과 슬픔이 없는 곳입니다. "다시는 사망이 없고 애통하는 것이나 곡하는 것이나 아픈 것이 다시 있지 아니하리니"(계 21:4) 장례식장이나 납골당이 없습니다.

【명언】
● 천국은 영원한 기쁨의 보고이다. (W. 세익스피어)
● Heaven is a treasure of eternal joy. (William Shakespeare)

【묵상】 천국에 있는 것들은 무엇일까요?

행복의 추구

『행복의 심리학』이라는 책은 행복하고 싶다는 맹목적인 소망이 아니라, 행복을 '과학적으로' 이해하고 싶은 마음이라면 이 책을 읽을만하다. 현대인들은 맹목적으로 행복해지려고 한다. 무엇이 행복인지, 행복이 어디서 오는지에 대해서는 이해하려하지 않는다. 행복에 관한 가장 큰 착각은, 행복이 우리의 생활환경과 밀접한 관계에 있다고 생각하는 것이다. 수입이나 신형차, 승진, 혹은 배우자가 행복을 가져다준다고 생각한다. 그러나 실제는 다르다. 소득과 삶의 만족도 사이의 관계를 살펴본 많은 연구들은 양자 사이에 큰 상관관계가 없음을 증명해 왔다. 1970년에서 1990년 사이에 미국의 평균소득은 300% 증가했지만, 미국인들이 그만큼 행복해지지는 않았다. 부자가 되어도 행복하지 않은 이유는 '적응'이라는 심리작용 때문이다. 즉, 소득이 올라도 거기에 익숙해지면서 처음의 도취감은 사라지고 일정 시간이 지나면 본래의 행복수준으로 돌아가는 것이다.

소득이나 신형차, 승진 같은 것은 위치재(다른 것에 비교해 그 가치가 결정되는 것)이다. 위치재는 성취한 동시에 적응해 버린다. 때문에 진정한 행복과 연관되는 것은 '비위치재'(다른 것과 비교되지 않는 고유의 가치를 갖는 것)라고 할 수 있다. 실제 삶의 만족도를 판단할 때 더 중요한 것은 "자기의 삶을 통제하고 있는가?"라는 질문에 대한 답변에 해당하는 '자율성'이다. 대니얼 네틀은 이러한 '개인적 통제' 점수가 행복을 예측하는 데 소득보다 더 좋은 지표라고 지적한다.

● 행복의 심리학, 대니얼 네틀, 김상우 역

"먹고 즐기는 일을 누가 나보다 더 해 보았으랴 하나님은 그가 기뻐하시는 자에게는 지혜와 지식과 희락을 주시나 죄인에게는 노고를 주시고 그가 모아 쌓게 하사 하나님을 기뻐하는 자에게 그가 주게 하시지만 이것도 헛되어 바람을 잡는 것이로다"(전 2:25-26)

행복을 추구하는 인간

● 아리스토텔레스는 행복은 모든 인간이 추구하는 공동 선(善)이라고 했습니다. 이 세상에는 일부러 불행을 원하거나, 행복을 원하지 않는 사람은 한 사람도 없습니다.

● 솔로몬도 더 큰 행복을 추구했습니다. 그는 행복한 삶을 위해 오락과 술, 사업 확장, 쾌락과 지식과 여자에 집착했으나, 그 결과는 허무함뿐이었습니다(전 2:11).

● 행복하기 위해 유산을 상속 받은 후 아버지 집을 떠난 탕자는 전 재산을 탕진하고 거지가 된 다음에야 비로소 행복이 무엇인지 깨닫게 되어 아버지께로 돌아왔습니다(눅 15장).

● 하나님을 떠난 인생은 행복하지 않습니다. 아무리 싱싱해도 뿌리 뽑힌 나무는 말라 죽듯이, 인간의 행복은 생명의 근원이신 예수님께 붙어 있을 때에 가능합니다(요 15:5).

● 진정한 행복은 나를 구원해 주시는 하나님으로부터 나옵니다. "이스라엘이여 너는 행복한 사람이로다. 여호와의 구원을 너 같이 얻은 백성이 누구냐?"(신 33:29)

【명언】
● 인생에서 최고의 행복은 사랑받고 있다는 확신이다. (빅톨 휴고)
● The supreme happiness in life is the conviction that we are loved. (Victor Hugo)

【묵상】 어떤 때에 행복감을 느끼십니까?

행복은 어디에서 오는가?

● 행복은 소유에서 온다고 생각합니다. 원하는 것을 소유할 수 있다면 그것은 커다란 행복입니다. 그러나 더 큰 행복은 소유하지 않아도 행복을 느낄 수 있는 마음입니다.

● 행복은 성취에서 온다고 생각합니다. 인간은 자아실현의 욕구로 인해 목표를 이룬 만큼 행복해 합니다. "하나님이 위에서 부르신 부름의 상을 위하여 달려가노라."(빌 3:14)

● 행복은 마음에서 오기도 합니다. 마음먹기에 달려 있습니다. 톨스토이는 욕망이 작으면 작을수록 인생은 행복하다고 했습니다. "어떠한 형편에든지 나는 자족하기를 배웠노니"(빌 4:11)

● 행복은 관계에서 옵니다. 관계가 어긋나면 불행해집니다. 자신과 이웃 그리고 하나님과의 관계를 회복해야 행복할 수 있습니다. "모든 사람과 더불어 화목하라."(롬 12:18)

● 행복의 한 쪽문이 닫히면 다른 쪽 문이 열린다. 그러나 흔히 우리는 닫혀진 문을 오랫동안 보기 때문에 우리를 위해 열려 있는 다른 행복의 문을 보지 못한다(헬렌켈러).

【명언】
● 당신이 잘 하는 일이라면 무엇이나 행복에 도움이 된다. (버틀랜드 럿셀)
● Anything you're good at contributes to happiness. (Bertrand Russell)

【묵상】 행복의 파랑새를 어디에서 찾고 계십니까?

어떤 행복을 원합니까?

● 객관적 행복이 있습니다. 돈이 있고 건강하며, 걱정 근심할 일이 없고 일이 잘되면 행복하다고 말합니다. 그러나 아무리 환경이 좋아도 관계가 불편하면 불행합니다.

● 주관적 행복이 있습니다. 행복을 느낄 만한 환경이 아님에도 불구하고, 바울처럼 만족스럽게 느끼는 행복입니다. "어떠한 형편에든지 나는 자족하기를 배웠노니"(빌 4:11)

● 육체적 행복이 있습니다. 인간의 다양한 생리적인 욕구를 충족시켜줌으로써 느끼게 되는 기본적인 행복감입니다. "먹고 즐기는 일을 누가 나보다 더 해 보았으랴"(전 2:25)

● 심리적 행복이 있습니다. 안정감, 소속감, 자존감, 자아실현의 욕구가 충족될 때 느끼게 되는 행복감입니다. 대부분의 사람들은 마음이 평안하면 행복하다고 합니다.

● 하나님이 주시는 영적인 행복이 있습니다. "평안을 너희에게 끼치노니 곧 나의 평안을 너희에게 주노라 내가 너희에게 주는 것은 세상이 주는 것과 같지 아니하니라."(요 14:7)

【명언】
● 원하는 것들 중 몇 가지를 갖고 있지 않다는 사실은 행복해 지기위해서 꼭 필요한 부분이다. (버틀란드 럿셀)
● To be without some of the things you want is an indispensable part of happiness. (Bertand Russell)

【묵상】 나의 행복지수는 어느 정도입니까?

4장

성령으로 다스리기

마음의 신비

생리학자들은 마음을 설명할 때에 뇌의 활동에 근거를 두고 설명한다. 일본 뇌 재단 이사장 사도 규시 박사는 '마음은 뇌의 기능'이라고 보았다. 인간의 몸은 한 특정 개인의 뇌가 가지고 있는 정보 속에서만 행동하도록 프로그램화되어 있다. 여기에는 조상들의 특정 행동 유형이 유전자에 일부 포함되어 있다고 한다. 예를 들어, 우리의 생존을 위협하는 소리에 대한 공포심은 유전자에 입력된 정보라고 한다.

인간은 모두 같은 뇌의 구조를 가지고 있는데, 마음이 다른 이유는 이미

형성된 100조가 넘는 뉴런 네트워크에 투입되는 정보가 사람마다 다르기 때문이다. 그중 가장 큰 이유는 부모로부터 물려받은 유전자에 코딩된 정보의 차이이다. 그 정보에는 신체적 형질이 있을 수 있으며, 성격의 일부도 들어 있다. 우리 마음의 이런 유전자 정보를 제외한 나머지는 태어나면서부터 받는 외부 자극에 기인한다. 아무리 쌍둥이라도 보고 듣고 느끼는 소위 마음의 자원은 같을 수 없다. 개인마다 부모가 다르고 경험이 다르고 교육이 다르며 상상할 수 있는 능력이 다르기 때문에 우리는 똑같은 마음을 가질 수 없다.

"열 길 물속은 알아도 한 길 사람의 마음속은 모른다."는 말이 있듯이 그 마음의 본질과 구조와 기능을 알기위해, 생리학자, 의학자, 교육학자, 사회학자, 심리학자, 철학자, 신학자들이 지금도 계속해서 연구하고 있다. 하나님의 형상을 따라 지음 받은 인간의 마음은 아무리 연구해도 신비 그 자체이다.

● KBS특별기획 다큐멘터리 마음, 이영돈, 예담

"하나님을 가까이하라 그리하면 너희를 가까이하시리라 죄인들아 손을 깨끗이 하라 두 마음을 품은 자들아 마음을 성결하게 하라"(약 4:8) "내가 원하는 바 선은 행하지 아니하고 도리어 원하지 아니하는 바 악을 행하는도다"(롬 7:19)

무엇을 다스릴 것인가?

● 생각을 다스릴 수 있어야 합니다. 수시로 떠오르는 오만가지 생각 중에 어떤 생각을 선택할 것인가에 따라 인생이 달라집니다. "대제사장이신 예수를 깊이 생각하라."(히 3:1)

● 감정을 다스릴 수 있어야 합니다. 감정은 생각에 따라 영향을 받습니다. 감정 다스리기는 곧 마음 다스리기입니다. "모든 지킬 만한 것 중에 더욱 네 마음을 지키라."(잠 4:23)

● 언어를 다스릴 수 있어야 합니다. 어떤 말을 어떻게 하느냐에 따라 그 사람의 인격이 결정됩니다. "여호와여 내 입에 파수꾼을 세우시고 내 입술의 문을 지키소서."(시 141:3)

● 죄성을 다스릴 수 있어야 합니다. 성령의 충만함을 통해서 다스릴 수 있습니다. "내가 한 법을 깨달았노니 곧 선을 행하기 원하는 나에게 악이 함께 있는 것이로다."(롬 7:21)

● 행동을 다스릴 수 있어야 합니다. 다른 사람의 행동을 다스리기 전에 내 행동을 다스릴 수 있는 자가 리더입니다. "슬기로운 자는 자기의 행동을 삼가느니라."(잠 14:15)

【명언】
● 세상을 움직이려면 먼저 나 자신을 움직여야 한다. (소크라테스)
● To move the world, we must first move ourselves. (Socrates)

【묵상】 마음 다스리기가 잘 안 되는 이유는 뭘까요?

어떻게 마음을 지킬까요?

● 보고 듣는 것을 삼가 해야 유혹에 빠지지 않습니다. "여자가 그 나무를 본즉 먹음직도 하고, 보암직도 하고, 지혜롭게 할만큼 탐스럽기도 한 나무인지라."(창 3:6)

● 악한 생각이 틈타지 않도록 깨어 있어야 합니다. "근신하라 깨어라 너희 대적 마귀가 우는 사자 같이 두루 다니며 삼킬 자를 찾나니 너희는 믿음을 굳건하게 하여 그를 대적하라."(벧전 5:8-9)

● 성경으로 영적인 분별력을 키워야 합니다. "모든 성경은 하나님의 감동으로 된 것으로 교훈과 책망과 바르게 함과 의로 교육하기에 유익하니 이는 하나님의 사람으로 온전케 하며"(딤후 3:16-17)

● 악한 생각은 예수님의 이름으로 물리쳐야 합니다. "사탄아 내 뒤로 물러가라 네가 하나님의 일을 생각하지 않고 도리어 사람의 일을 생각하는도다."(막 8:33)

● 기도해야 합니다. "아무것도 염려하지 말고 다만 모든 일에 기도와 간구로 너희 구할 것을 감사함으로 하나님께 아뢰라 그리하면 모든 것에 뛰어 나신 하나님의 평강이...네 마음과 생각을 지키시리라."(빌 4:6-7)

【명언】
● 세상의 유일한 악마는 우리 마음에서 날뛰고 있기에, 모든 전투는 마음속에서 이루어져야 한다. (마하트마 간디)
● The only devils in this world are those running around in our own hearts, and that is where all our battles should be fought. (Mahatma Gandhi)

【묵상】 어떻게 마음을 지키고 있습니까?

어떻게 마음을 치유할까요?

● 마음에 상처가 많은 사람은 충분한 사랑을 받아야 합니다. 사랑이 해답입니다. "믿음, 소망, 사랑, 이 세 가지는 항상 있을 것인데 그 중의 제일은 사랑이라."(고전 13:13)

● 충분한 지지를 받아야 합니다. 주변에 사회적 지지체계가 많을수록 상처를 잘 극복할 수 있습니다. "여호와는 내 편이시라 내가 두려워하지 아니하리니 사람이 내게 어찌할까"(시 18:46)

● 충분한 격려를 받아야 합니다. 열등한 사람도 격려를 받으면 유능하게 될 수 있지만, 유능한 사람이라도 지속적인 비난을 받으면 상처가 되고 위축됩니다.

● 충분한 돌봄은 치유의 시작입니다. "서로 돌아보아 사랑과 선행을 격려하며 모이기를 폐하는 어떤 사람들의 습관과 같이 하지 말고 오직 권하여 그 날이 가까움을 볼수록 그리하자."(히 10:24-25)

● 하나님의 위로를 통해 치유가 됩니다. "우리를 위로하사 우리로 하여금 하나님께 받는 위로로써 모든 환난 중에 있는 자들을 능히 위로하게 하시는 이시로다"(고후 1:4)

【명언】
● 사랑받고 싶다면 사랑하라. 그리고 사랑스럽게 행동하라. (벤자민 프랭클린)
● If you would be loved, love and be lovable. (Benjamin Franklin)

【묵상】 내 마음을 치유하는 빨간약은 무엇입니까?

감사의 심리

긍정심리학자 마틴 셀리그만은 행복이라는 감정이 유전적인 영향을 받는 것을 부인할 수는 없으나, 한편으로는 후천적인 노력으로도 얼마든지 계발이 가능하다고 한다. 심리학자들이 여러 가지 실험과 방법으로 행복할 수 있는 다양한 방법들을 발견하였는데, 그 중 하나가 바로 감사(感謝)이다. 감사란 좋고 고마운 일이 일어났을 때 하는 것이고, 좋고 고마운 일이 있으니 행복을 느끼는 것은 당연한 것이다.

그런데 심리학자들의 또 다른 주장이 있다. 우리가 감사하지 않는 것은 감사할 일이 없기 때문이 아니라, 감사할 일을 찾지 못했기 때문이라는 것이다. 조금만 더 적극적으로 찾아보면 생각보다 감사할 일들을 많이 발견할 수 있다. 혼자서 적어보는 감사노트나 누군가에게 감사의 마음을 전하는 편지를 써보라고 한다. 처음에 감사노트나 감사편지를 쓰려고 하면 사람들은 아무리 생각해 봐도 생각이 나지 않는다면서 어려워한다. 그러나 특별한 감사만 찾으려 하지 말고, 비록 사소한 것이라도 찾아보면 얼마든지 찾을 수 있다.

그런 식으로 찾다보면 우리 주변에는 감사할 것들이 많이 있다는 것을 알게 된다. 그러면 감사할 일을 찾는 것이 점점 쉬워진다. 결국 세상에는 감사거리가 넘친다는 생각을 하게 된다. 이러한 과정을 거쳐서 감사가 풍부해지면, 우리의 생각은 자연스럽게 감사와 연관되는 다양한 감정으로 퍼져나가게 되는데, 그 중의 하나가 행복이다. 결국 감사거리가 늘어날수록 나의 행복 지수는 점점 높아지게 된다. 행복한 사람은 사소한데서 감사할 것을 쉽게 찾는 사람이다.

"여호와께 감사하라 그는 선하시며 그 인자하심이 영원함이로다 신들 중에 뛰어난 하나님께 감사하라 그 인자하심이 영원함이로다 주들 중에 뛰어난 주께 감사하라 그 인자하심이 영원함이로다"(시 136:1-3)

감사는 영적인 능력

● 흑인 여성으로 태어나 지독하게 가난한 환경과 성폭행과 이혼 가정이라는 여건 속에서도 나는 매일 하루에 다섯 가지 감사를 일기에 기록했다. (오프라 윈프리)

● 형통할 때에 불평하는 사람도 있지만, 불행한 여건에서도 윈프리처럼 감사를 통해 기적을 만드는 사람들이 있습니다. 감사가 능력임을 보여주는 것입니다.

● 비록 내가 원하는 대로 되지 않았어도 범사에 감사할 수 있다면 그것이 능력입니다. "범사에 감사하라 이것이 그리스도 안에서 너희를 향하신 하나님의 뜻이니라."(살전 5:18)

● "성도들아 여호와를 찬송하며 그의 거룩함을 기억하며 감사하라 그 노염은 잠깐이요 그 은총은 평생이로다. 저녁에는 울음이 깃들일지라도 아침에는 기쁨이 오리로다."(시 30:4-5)

● 감사하지 못하는 것은 감사할 것이 없어서가 아니라, 감사한 것을 볼 수 있는 눈이 열리지 않았기 때문입니다. 하루하루 얼마나 감사한 마음으로 생활하고 있습니까?

【명언】
● 감사는 하나님과 천사에 이르는 가장 직접적인 길이다. (테리 린 테일러)
● Gratitude is our most direct line to God and the angels. (Terry Lynn Taylor)

【묵상】 오늘 감사한 일은 무엇입니까?

힘들 때도 감사합니까?

● 인간이 범하는 가장 큰 죄는 감사할 줄 모르는 것입니다. 감사는 영적 건강의 좌표이기도 합니다. 그리고 행복의 정도는 내가 얼마나 감사할 수 있느냐에 달려 있습니다.

● 바울은 고난 중에도 감사했습니다. "주 예수로 말미암아 승리를 주시는 하나님께 감사하노니"(고전 15:57) "말할 수 없는 그의 은사로 말미암아 하나님께 감사하노라"(고후 9:15)

● 하박국은 가난해도 감사했습니다. "비록 무화과나무가 무성하지 못하며 포도나무에 열매가 없으며 감람나무에 소출이 없으며 밭에 먹을 것이 없으며 우리에 양이 없으며"(합 3:17)

● "외양간에 소가 없을지라도 나는 여호와로 말미암아 즐거워하며 나의 구원의 하나님으로 말미암아 기뻐하리로다."(합3:17-18) 그는 어려운 여건 속에서도 감사했습니다.

● 시편기자는 고난 중에 기도함으로 구원해 주시는 하나님께 감사했습니다. "주께서 내게 응답하시고 나의 구원이 되셨으니 내가 주께 감사하리이다."(시편 118:21)

【명언】
● 그 사람이 얼마나 행복한가는 감사의 깊이에 달려 있다. (존 밀러)
● People's happiness depends on the depth of appreciation. (John Miller)

【묵상】 고난을 감사하게 생각한 적이 있습니까?

감사의 문으로 들어가라

● 감사는 더하기(+)와 같아서 범사에 감사하면 거기에 하나님의 축복이 더해집니다 그러나 불평은 빼기(-)와 같아서 있는 것까지 빼앗기고 없어지게 됩니다.

● 예수님은 양의 문입니다. "나는 양의 문이라"(요 10:7). 이 세상에 수많은 문이 있지만 '양의 문'이 되신 예수의 문으로 들어가면 생명을 얻기 때문에 감사해야 합니다. (요 10:10)

● "그 문으로 들어간다."는 말은 "일을 시작하는 것"을 말합니다. 뭔가 처음 시작할 때 '입문'했다고 합니다. 즉 이 말은 범사에 감사로 시작하라는 것입니다.

● "그 문으로 들어가라"는 말은 같은 종류 사람이 되는 것입니다. '동문'은 같은 문으로 들어간 사람들입니다. 양의 문으로 들어가면 천국 동문이 됩니다.

● "하나님이 지으신 모든 것이 선하매 감사함으로 받으면 버릴 것이 없나니 하나님의 말씀과 기도로 거룩하여짐이라."(딤전 4:4) 하나님이 지으신 모든 것을 감사하지 못하는 것은 나의 문제입니다.

【명언】
● 감사하는 마음을 가지면 충만한 삶을 누리게 된다. (멜로디 비티)
● Having gratitude is to enjoy the fullness of life. (Melody Beattie)

【묵상】 어떤 일로 인하여 감사하십니까?

교만의 심리

우월감은 정신의학자인 아들러가 처음 사용한 용어로 자기 자신이 남보다 우수하다는 '객관성'은 내포되어 있지 않다. 즉 우월감은 주관적인 평가이며, 때로는 이런 우월감이 열등감의 보상 또는 열등감에 대한 방어기제로 사용되기도 한다. 아들러는 열등감의 극복을 통한 우월성의 추구가 인간의 가장 중요한 삶의 동기라고 주장했다.

1988년 셸리 테일러와 조너선 브라운은 정상적인 인간은 현실에 대해 명백히 긍정적인 여과장치를 가지고 작동하고 있다고 했다. 즉 사람은 누구나 일상적으로 자기 자신을 과대평가하고, 따라야 할 기준이 되는 다른 사람들은 과소평가한다는 것이다. 이것은 일종의 우월의 착각이라고 할 수 있다. 즉 우월의 착각은 자신의 능력과 자질에 대한 과장된 확신을 말한다.

우월감의 목표를 달성하고 싶고, 사업도 성공시키고 싶고, 효율적인 지도력을 발휘하고 싶은 긍정적인 면이 있다. 우월하기 위해서 남보다 더 노력하게 되고, 보다 더 성실하게 일한다. 아들러 역시 신체적 열등감(잦은 질병)과 심리적 열등감(어머니 사랑을 받지 못하고 학업 열등), 사회적 열등감(유태인, 프로이드에게 인정받지 못함)을 극복하기 위한 방식으로 안과 의사가 된다. 자신의 열등감을 극복하기 위해 그의 이론은 열등감을 인정하고, 이를 토대로 자신의 우월감을 추구하는 인간상을 그의 이론에서 펼쳤다. 그러나 이러한 우월감이 남을 무시하거나 우롱하고, 폄하하는 거만한 모습으로 나타날 때 상대방에게 깊은 상처를 주고, 관계가 왜곡되는 역기능이 발생하게 된다.

"여호와께서 미워하시는 것 곧 그의 마음에 싫어하시는 것이 예닐곱 가지이니 곧 교만한 눈과 거짓된 혀와 무죄한 자의 피를 흘리는 손과 악한 계교를 꾀하는 마음과 빨리 악으로 달려가는 발과 거짓을 말하는 망령된 증인과 및 형제 사이를 이간하는 자이니라"(잠 6:16-19)

교만은 어떻게 알 수 있나?

● 마음을 보면 압니다. 사람에게는 하나님처럼 높아지려는 마음이 있는데, 사탄이 그것을 이용합니다. "너희가 그것을 먹는 날에는 너희 눈이 밝아져 하나님과 같이 되어"(창 3:5)

● 눈빛을 봐도 압니다. 마음의 창이라고 할 수 있는 눈빛을 보면 그 사람의 마음을 알 수 있습니다. 여호와께서는 교만한 자의 눈빛을 미워하신다고 했습니다. (잠 6:16-17)

● 언어를 통해 압니다. 말하는 것을 보면 알 수 있습니다. "여호와가 누구이기에 내가 그 말을 듣겠느냐"(출 5:2)고 했던 바로는 이스라엘을 해방하라는 하나님의 명령을 무시했습니다.

● 태도를 통해 느낍니다. 교만한 사람은 목이 곧고 뻣뻣합니다. "목이 곧고 마음과 귀에 할례를 받지 못한 사람들아 너희도 너희 조상과 같이 항상 성령을 거스르는도다."(행 7:51)

● 행동을 통해 압니다. 예수를 만나기 전 바울은 예수를 따르는 자들에 대해서 살기가 등등할 정도로 교만하게 행동했습니다. (행 9:1) 교만하면 보이는 게 없습니다.

【명언】
● 사람의 성품 중에 가장 뿌리 깊은 것은 교만이다. (체스터 필드)
● Pride is the most deep-rooted in the nature of man. (Chester Field)

【묵상】 나에게는 이런 모습이 없습니까?

사람은 왜 교만해지는가?

● 외모 때문에 교만한 사람들이 있습니다. "모든 육체는 풀과 같고 그 모든 영광은 풀의 꽃과 같으니 풀은 마르고 꽃은 떨어지되 오직 주의 말씀은 세세토록 있도다."(벧전 1:24-25)

● 돈이 많다고 교만해지기도 합니다. "나는 부자라 부요하여 부족한 것이 없다 하나 네 곤고한 것과 가련한 것과 가난한 것과 눈 먼 것과 벌거벗은 것을 알지 못하는도다."(계 3:17)

● 뭘 좀 안다고 교만하기도 합니다. "우상의 제물에 대하여는 우리가 다 지식이 있는 줄을 아나 지식은 교만하게 하며 사랑은 덕을 세우나니"(고전 8:1) 겸손한 지식이 필요합니다.

● 권력 때문에 교만해지기도 합니다. 높아질수록 인간은 하늘까지 높아지려는 경향이 있습니다. "가버나움아 네가 하늘에까지 높아지겠느냐 음부에까지 낮아지리라."(마 11:23)

● 영적인 교만도 있습니다. 하나님은 스스로 의롭다고 하는 사람들을 낮추십니다. "무릇 자기를 높이는 자는 낮아지고 자기를 낮추는 자는 높아지리라 하시니라."(눅 18:14)

【명언】
● 겸손한 자만이 다스릴 것이요 애써 일하는 자만이 가질 것이다. (R. W. 에머슨)
● Only a humble person shall govern, only working people will possess. (Ralph Waldo Emerson)

【묵상】 잘난 척 하고 싶은 이유는 무엇일까요?

교만을 심판하시는 하나님

● 교만한 사람은 사람들로부터 외면을 받을 뿐 아니라, 하나님도 싫어하십니다. "무릇 마음이 교만한 자를 여호와께서 미워하시나니 피차 손을 잡을지라도 벌을 면하지 못하리라."(잠 16:5)

● 하나님은 교만을 죄라고 하십니다. 교만은 모든 죄의 근본이 되기 때문에 불행하게 됩니다. "눈이 높은 것과 마음이 교만한 것과 악인이 형통한 것은 다 죄니라."(잠 21:4)

● 하나님은 교만한 자를 낮추십니다. 스스로 높아진다고 생각하는 것은 착각입니다. "주께서 곤고한 백성은 구원하시고 교만한 자를 살피사 낮추시리이다."(삼하 22:28)

● 하나님은 교만한 자를 심판하십니다. 교만은 파멸에 이르는 큰 죄이기 때문입니다. "사람의 마음의 교만은 멸망의 선봉이요 겸손은 존귀의 길잡이니라."(잠 18:12)

● 자신을 심판하실 하나님이 있다는 것을 모르고, 마치 자신이 하나님인 것처럼 행동하는 것은 어리석은 짓입니다. "하나님은 모든 행위와 모든 은밀한 일을 선악 간에 심판하시리라."(전 12:14)

【명언】
● 자만심이란 인간이 자신을 지나치게 높게 평가해서 오는 즐거움이다. (B. 스피노자)
● Conceit is the joy that comes because humans evaluates themselves too high. (Baruch Spinoza)

【묵상】 교만 때문에 낭패를 당한 적은 없었습니까?

기쁨의 심리

　기쁨은 두려움을 덜어주고 희망을 가져오며 치유하는 힘이 있다. 기쁨은 우리의 마음과 정서, 능력 그리고 정신적인 모든 것을 통해서 연결하기 때문에 지혜로워지게 한다. 기쁨은 독창적인 사고를 하게 하므로, 내면의 소리에 귀를 기울이게 된다. 기쁨은 '일시적인 감정의 상승'이나 그러한 감정을 탐닉하는 것이 아니다. 그 경험이 비록 순간적이었을지라도 육체가 우리의 삶 속에서 마음과 영혼으로 연결되어 있다는 것을 깨닫게 된다.

　우리 모두는 기쁨을 느낄 수 있는 능력을 가지고 태어났다. 그렇지만 많은 사람들이 기쁨을 추구한다는 사실을 편안하게 받아들이지 못한다. 그것은 인간이 끊임없이 어려움이나 고통을 통해 성숙하는 인간성에 대해서 가르침을 받으며 자라왔기 때문이다. 그래서 기쁨을 추구하는 것을 유치하거나 미성숙한 것으로까지 여겼다. 그러나 기쁨은 우리를 생기 있게 하고, 활기에 넘치게 하며 자신을 존중하게 하여 착취나 해약을 당하는 부당한 현실을 굴복시킨다. 진정으로 내적인 기쁨을 느끼는 것은 우리의 영혼이 살아 있음을 보여주는 것이다.

진정한 기쁨을 지닌 사람은 주변 사람들을 치유할 수 있는 에너지를 전달한다. 그리고 총체적인 기쁨을 느끼게 될 때 서로를 사랑할 수 있다. 그리하여 서로간의 장벽을 허물게 된다. 우주에 생존하는 모든 생명체에 대하여 배려와 관심을 갖게 되며, 우리가 살고 있는 이 지구를 사랑하게 되며 보존하고 유지하게 된다.

● 기쁨의 옆자리, 샤를로테 케이슬, 홍미라 역

"오히려 너희가 그리스도의 고난에 참여하는 것으로 즐거워하라 이는 그의 영광을 나타내실 때에 너희로 즐거워하고 기뻐하게 하려 함이라 너희가 그리스도의 이름으로 치욕을 당하면 복 있는 자로다"(벧전 4:13-14)

기쁨이 없는 이유

● 육체가 건강하지 못하면 기쁨이 없습니다. 몸의 상태가 심리 정서적으로 영향을 줍니다. "네 믿음이 너를 구원하였으니 평안하거라 네 병에서 놓여 건강할지어다."(막 5:34)

● 마음이 아프거나 상해도 기쁘지 않습니다. "마음이 상한 자에게 노래하는 것은 추운 날에 옷을 벗음 같고, 소다 위에 식초를 부음같으니라."(잠 25:20)

● 관계가 깨어지거나 어긋나도 기쁨이 없습니다. 좋은 관계를 갖는 것이 중요합니다. "할 수 있거든 너희로서는 모든 사람과 더불어 화목하라."(롬 12:18)

● 영혼이 병이 들어도 기쁨이 사라집니다. 영은 우리의 육체와 마음에 영향을 줍니다. "주여 내 영혼이 주를 우러러 보오니 주여 내 영혼을 기쁘게 하소서."(시 86:4)

● 죄를 지으면 불안하게 되어 마음의 평안과 기쁨을 빼앗아갑니다. "여호와께서 가인에게 이르시되 네가 분하여 함은 어찌됨이여 안색이 변함은 어찌됨이냐?"(창 4:6)

【명언】
● 인생은 결코 쉬운 게 아니다. 그러나 용기를 가지면 기쁨에 넘치게 된다. (조지 버나드 쇼)
● Life is not meant to be easy, but take courage, it can be delightful. (George Bernard Shaw)

【묵상】 마음이 우울할 때 어떻게 하십니까?

기쁘게 살아야 할 이유

● 근심은 뼈를 마르게 하지만 기쁨은 내게 건강을 주기 때문에 기쁘게 살아야 합니다. "마음의 즐거움은 양약이라도 심령의 근심은 뼈를 마르게 하느니라."(잠 17:22)

● 영생의 소망이 있기 때문에 기쁘게 살아야 합니다. 소망이 있으면 즐거워할 수 있습니다. "의인의 소망은 즐거움을 이루어도 악인의 소망은 끊어지느니라."(잠 10:28)

● 하나님의 명령이기 때문에 기쁘게 살아야 합니다. "주 안에서 항상 기뻐하라 내가 다시 말하노니 기뻐하라."(빌 4:4) 바울은 감옥 속에 있으면서도 기뻐했었습니다.

● 구원을 얻었기 때문에 기쁘게 살아야 합니다. "너희 이름이 하늘에 기록된 것으로 기뻐하라 하시니라"(눅 10:20) "주의 구원을 기뻐하리이다."(시 13:5)

● 하나님이 나와 함께 하시며, 기도에 응답하시기 때문에 기쁘게 살아야 합니다. "여호와를 기뻐하라 그가 네 마음의 소원을 네게 이루어 주시리로다."(시 37:4)

【명언】
● 당신에게 기쁨이 없다면 당신의 믿음은 어딘가에 구멍이 나 있는 것이다. (W. B. 선데이)
● If there is no joy to you, your faith is in a hole somewhere. (William Billy Sunday)

【묵상】 주로 무슨 일로 기뻐하십니까?

어떻게 해야 기쁘게 될까?

● 주님을 가까이 하는 자에게 하나님이 주시는 기쁨이 있습니다. "주의 앞에는 충만한 기쁨이 있고 주의 오른쪽에는 영원한 즐거움이 있나이다."(시 16:11)

● 기도할 때에 영적인 기쁨을 누리게 됩니다. "내 이름으로 아무 것도 구하지 아니하였으나 구하라 그리하면 받으리니 너희 기쁨이 충만하리라"(요 16:24)

● 하나님의 말씀인 영의 양식을 먹을 때 기쁨이 있습니다. "내가 주의 말씀을 얻어 먹었사오니 주의 말씀은 내게 기쁨과 내 마음의 즐거움이오나"(렘 15:16)

● 하나님을 찬양할 때에 기쁨을 누리게 됩니다. "내가 주를 찬양할 때에 나의 입술이 기뻐 외치며 주께서 속량하신 내 영혼이 즐거워하리이다."(시 71:23)

● 하나님의 창조물을 보며 묵상할 때에 우리는 기뻐할 수 있습니다. "너희는 내가 창조하는 것으로 말미암아 영원히 기뻐하며 즐거워할지니라."(사 65:18)

【명언】
● 사람들은 근심을 세는 것은 좋아하나 기쁨은 잘 세지 않습니다. (도스토예프스키)
● Man is fond of counting his troubles, but he does not count his joys. (Fyodor Dostoyevsky)

【묵상】 기쁘게 살기 위해 어떻게 하십니까?

만남과 신앙

  인간은 논리적으로 생각할 수 있기 때문에 사고(思考)를 유일한 것으로 믿는다. 이성은 본래적으로 인간이 자신의 이해력 안에서 그 무엇을 완전하게 받는 것을 의미했다. 그러나 인간 자신이 존재의 근원자로부터 너무나 멀리 떨어졌기 때문에 진리의 문은 인간에게 열려질 수 없었다. 이 진리의 문은 만남 안에서만 이루어질 수 있다. 하나님께서 시간과 역사 속에 존재하는 인간에게 찾아오시고, 인간이 사용하고 이해하려는 진리의 문을 열어 주셔야 한다. 인간의 이성이나 이해를 통해서는 도달할 수 없는 진리의 문을 열어주는 하나님의 말씀은 상호소통이 가능한 말씀이다.

성경적인 의미에서 만남의 진리는 그리스도 안에서 화해이다. 인간은 예수 그리스도 안에서 이 화해를 통하여 하나님을 만날 수 있다. 신앙과 만남은 동시적이므로 신앙은 개인적인 인격으로서의 인간과 부활하신 예수 그리스도 사이의 실제적인 만남이다(Brunner). 인간은 너무 자기중심적이기 때문에 자신의 진정한 위치를 발견하게 해주는 하나님과의 만남이 없이는 자기 자신을 발견할 수 없다. 만남은 하나님의 자기 의사 전달과 함께 시작된다. 여기서 하나님은 참된 관계를 맺는 근거가 되며, 관계를 창조한다. 신앙은 하나님과의 실제적인 만남일 뿐 아니라 하나님께 나아가는 행동이며, 인간에게 다가오는 하나님의 행위이다. 신앙은 어떤 특수한 교리에 대한 믿음일 수 없으며, 그 의미의 복잡성을 감안할 때 신앙은 신약성경의 의미로 "하나님과의 만남"이라는 정의가 가장 적절하다.

"사울이 길을 가다가 다메섹에 가까이 이르더니 홀연히 하늘로부터 빛이 그를 둘러 비추는지라 땅에 엎드려져 들으매 소리가 있어 이르시되 사울아 사울아 네가 어찌하여 나를 박해하느냐 하시거늘 대답하되 주여 누구시니이까 이르시되 나는 네가 박해하는 예수라"(행 9:1-5)

인생은 만남입니다.

● 오늘의 나는 과거에 누구를 만났느냐에 따라 결정됩니다. 핍박자 사울이 바울로 변화된 것은 다메섹 도상에서 부활하신 예수를 만났기 때문입니다. (행 9장)

● 이처럼 누구를 만나느냐에 따라 진로 및 행복과 불행, 더 나아가 죽음 이후의 삶까지도 결정됩니다. 그러므로 우리는 축복된 만남을 위해 기도해야 합니다.

● 현재의 만남을 어떻게 받아들이느냐에 따라 나의 미래가 달라집니다. 좋은 만남을 놓치는 사람이 있는가하면, 불행한 만남을 행복하게 바꾸는 사람도 있습니다.

● 불행한 만남을 행복으로 바꾸시는 분은 하나님입니다. 요셉은 형들과의 만남을 통해 애굽의 노예가 되었지만, 그 일을 통해 바로를 만나게 하신 분은 하나님이셨습니다.

● 사람은 어떤 부모님, 어떤 친구, 어떤 선생님과 배우자를 만나느냐에 따라 인생의 모습이 달라집니다. 그런데, 인생 최고의 만남은 창조주이시며, 구원자이신 예수 그리스도를 인격적으로 만나는 것입니다.

【명언】
● 두 인격이 만나는 것은 두 화학성분의 만남과도 같다. 반응이 시작되면 변하게 된다. (칼 융)
● The meeting of two personalities is like the contact of chemical substances; if there is any reaction, both are transformed. (Carl Jung)

【묵상】 가장 중요한 만남은 어떤 만남일까요?

우연한 만남은 없다.

● 모든 만남에는 의미가 있습니다. 요셉은 자신의 의지와 관계도 없는 만남 때문에 많은 고생을 했지만 결국 그들과의 만남 때문에 그의 꿈은 이루어졌습니다.

● 보디발과의 만남: 요셉은 형들의 미움으로 상인들에게 노예로 팔려가 애굽 바로왕의 경비대장 보디발의 종이 되었습니다(창 39:1). 꿈이 이루어지기 위한 첫 만남이었습니다.

● 보디발 아내와의 만남: 요셉은 그녀의 유혹을 거절한 누명으로 감옥에 갑니다(창 39:20). 만나고 싶지 않은 만남이었지만 그 만남 때문에 점점 꿈에 가까워져 갔습니다.

● 술 맡은 관원장과의 만남: 요셉은 감옥에서 죄짓고 들어온 술 맡은 관원장을 만나 그의 꿈을 해석해 주었습니다(창 40:3). 그 일로 요셉은 후일에 바로 왕을 만나게 됩니다.

● 바로 왕과의 만남: 자신의 꿈 해석을 위해 술 맡은 관원장의 추천으로 요셉을 불러들입니다. 요셉은 왕의 꿈을 해석하고 애굽의 재상이 됩니다(창 41:41). 만남의 결과였습니다.

【명언】
● 잘 있거라! 우리가 언제 다시 만날지는 아무도 모른다. (W.세익스피어)
● Farewell! God knows when we shall meet again. (William Shakespeare)

【묵상】 나에게 의미 있는 만남은 무엇입니까?

하나님을 만났습니까?

● 부귀영화를 누렸던 솔로몬 왕도 하나님을 만나지 못했을 때는 인생이 허무했습니다(전 1:2). 인생의 공허함은 오직 하나님을 만남으로 해결할 수 있습니다.

● 하나님을 만난 사람은 자신이 죄인임을 깨닫습니다. "베드로가 이를 보고 예수의 무릎 아래에 엎드려 이르되 주여 나를 떠나소서 나는 죄인이로소이다."(눅 5:8)

● 하나님을 만난 사람은 세상을 보는 관점이 달라집니다. 인간 중심에서 하나님 중심으로 바뀌게 됩니다. 고난 속에서 원망하기보다는 감사할 이유를 찾습니다.

● 하나님을 만난 자는 사명을 깨닫게 됩니다. 바울은 다메섹도상에서 이방인의 선교사로, 모세는 미디안 광야에서 민족을 구원하는 지도자의 사명을 받았습니다.

● 하나님을 만난 자는 하나님을 통해 받은 은혜를 자랑하게 되어 있습니다. "내 영혼이 여호와를 자랑하리니 곤고한 자들이 이를 듣고 기뻐하리로다."(시 34:2)

【명언】
● 하루 중 가장 중요한 시간을 하나님과 교제하는데 사용하라. (허드슨 테일러)
● Use the most important time during the day to communicate with God. (James H. Taylor)

【묵상】 하나님은 나에게 어떤 존재입니까?

믿음의 심리

프로이드는 인간이 삶으로부터 오는 고통에서 벗어나기 위해 종교를 이용하며, 종교생활은 그 고통에서 벗어나고 싶어 하는 소원성취라고 주장했다. 그러므로 성숙한 사람에게는 더 이상 종교가 필요하지 않다고 보았다. 또한 프로이드는 종교가 죄책감과 무력감으로 고통 받는 개인을 일시적으로 벗어나게 해 주지만, 그것은 결국 집단 망상의 결과를 가져다주었다고 본다. 결국 프로이드에게 믿음이란 아버지로부터 받은 불신에 대한 자신의 불안감과 고통에서 보호받고 싶다는 신념이다.

틸리히는 『믿음의 역동성』에서 믿음은 정적인 것이 아닌 동적, 그 이상의 것으로 설명하고 있다. 믿음은 어떤 불확실한 것을 믿으려 할 때, 믿으려는 의지는 불확실성을 보충하기 위한 행동을 하게 된다. 그러나 이러한 의지는 인간의 노력으로 되는 것이 아니라고 했다. 믿음은 인간이 만들어내는 것이 아니라, 인간을 만든 하나님께서 주신 것이다.

에릭슨은 성격의 발달단계에서 자아 정체성의 형성 근거를 종교와 관련시켰다. 그는 종교를 '기본적 신뢰'와 연관시켰는데, 기본적 신뢰는 모친과 유아와의 관계의 질(質)과 관련된다. 유아는 자신의 어머니와의 관계를 통해 하나님을 '유리를 통하여 어렴풋하게' 알 수 있다고 했다. 즉 인간의 하나님 이미지는 은혜를 내려주는 엄마의 얼굴을 고대하고 필요로 하는 차원으로 보았다. 그러므로 엄마에 대한 유아의 최초의 경험이 '신뢰' 혹은 불신'인가에 따라, 즉 그가 엄마를 어떻게 경험했느냐에 따라, 하나님에 대한 이미지에 영향을 준다고 보았다.

"하나님께서 그 밤낮 부르짖는 택하신 자들의 원한을 풀어 주지 아니하시겠느냐 그들에게 오래 참으시겠느냐 내가 너희에게 이르노니 속히 그 원한을 풀어 주시리라 그러나 인자가 올 때에 세상에서 믿음을 보겠느냐 하시니라"(눅 18:8-9)

어떤 믿음이 있습니까?

● 일반적인 믿음이 있습니다. 농부가 봄에 씨를 뿌리는 것은 가을에 추수할 것이라고 믿기 때문입니다. 자연의 원리나 생활에서 보통 사람들이 갖고 있는 상식적인 수준의 믿음입니다.

● 긍정적인 믿음이 있습니다. 신앙과는 관계없이 긍정심리학자들이 주장하는 믿음입니다. 삶에 필요하기는 하지만 그렇다고 죄와 죽음의 문제까지는 해결할 수 없습니다.

● 구원에 이르는 믿음이 있습니다. "네가 만일 네 입으로 예수를 주로 시인하며 또 하나님께서 그를 죽은 자 가운데서 살리신 것을 네 마음에 믿으면 구원을 받으리라."(롬 10:9)

● 은사로써의 믿음이 있습니다. 이런 믿음이 있으면 어떤 환경에도 염려하지 않습니다. "할 수 있거든이 무슨 말이냐 믿는 자에게는 능치 못할 일이 없느니라."(막 9:23)

● 신뢰가 사람과 사람을 이어주는 다리와 같다면, 구원에 이르는 믿음은 인간과 하나님을 이어주는 다리입니다. 이처럼 신뢰와 믿음은 행복한 삶을 위한 필수품입니다.

【명언】
● 믿음은 모든 이성과 감성과 이해까지도 초월한다. (마틴 루터)
● Faith transcends all reason and emotion and even understanding. (Matin Luther)

【묵상】 어떤 믿음을 가지고 있습니까?

믿음의 증거가 있습니까?

● 기도는 믿음의 생활입니다. "쉬지 말고 기도하라."(살전 5:17) 기도가 생활화 된 사람은 믿음이 있다는 증거입니다. 믿음이 약할수록 기도를 하려고 하지 않습니다.

● 기쁨은 믿음의 표현입니다. "항상 기뻐하라."(살전 5:16) 믿음의 사람은 얼굴만 보아도 알 수 있습니다. 스데반은 순교를 당하는 순간에도 천사의 얼굴이었습니다(행 6:15).

● 감사는 믿음의 척도입니다. "범사에 감사하라."(살전 5:18) "예수께서 이르시되 열 사람이 다 깨끗함을 받지 아니하였느냐 그 아홉은 어디 있느냐?"(누가 17:17)

● 겸손은 믿음의 열매입니다. "이와 같이 장로들에게 순종하고 다 서로 겸손으로 허리를 동이라. 하나님은 교만한자를 대적하시되 겸손한 자들에게는 은혜를 주시느니라."(벧전 5:5)

● 사랑은 믿음의 완성입니다. "산을 옮길만한 믿음이 있을지라도 사랑이 없으면 아무것도 아니요 사랑의 없으면 아무 유익이 없느니라."(고전 13:1-3, 고전 13장)

【명언】
● 믿음은 우리가 볼 수 없는 것을 잡을 수 있게 해주는 강력한 힘이다. (마틴 루터)
● Faith is a powerful force that enables you to catch what we can not see. (Martin Luther)

【묵상】 내 믿음의 증거는 무엇입니까?

믿음의 단계

● 감정적 단계가 있습니다. 기분에 좌우되어 교회를 다니며 이는 어린아이와 같은 초보적 신앙입니다. "젖을 먹는 자마다 어린 아이니 의의 말씀을 경험하지 못한 자요."(히 5:13)

● 지식적 단계가 있습니다. 성경이나 예수에 관해서 많이 알고 있는 수준입니다. 그러나 예수님과의 인격적인 만남이 없기 때문에 구원의 확신이 없고 예수의 향기가 없습니다.

● 율법적 단계입니다. 예수님의 은혜보다는 율법적인 행함을 지나치게 강조하다보니 타인을 정죄하기 쉽습니다. 의인의식으로 인하여 영적으로 교만하게 되는 경우가 있습니다.

● 은혜의 단계입니다. 고난 때문에 믿음이 흔들리지 않고, 예수를 믿는 일과 행하는 일에 본이 되며 남을 정죄하지 않습니다. 오직 모든 일을 주의 영광을 위해서 삽니다(고전 10:31).

● 믿음의 단계도 점점 성장해야 합니다. "하나님의 아들을 믿는 것과 아는 일에 하나가 되어 온전한 사람을 이루어 그리스도의 장성한 분량이 충만한 데까지 이르리니"(엡4 :13).

【명언】
● 신뢰는 거울의 유리 같은 것이다. 금이 가면 원상태로 돌아가지는 않는다. (H. F. 아미엘)
● Trust is like a glass mirror, if it's broken, it don't go back to its original position. (Henri-Frederic Amiel)

【묵상】 믿음이 성장하지 못하는 이유는 무엇일까요?

범죄의 심리

성 아우구스티누스는 죄(sin)가 다섯 단계를 거쳐 발생한다고 했다. 첫째, 마음이 어떤 행동을 생각해 낸다. 둘째, 마음은 그 행동을 감각과 관련지어 생각한다. 즉, 행동을 통해 쾌락을 얻을 수 있는가를 따진다. 셋째, 행동이 가져올 수 있는 결과를 고려한다. 넷째, 결과를 기꺼이 감수할 생각이 있을 때 그 생각을 실천에 옮긴다. 다섯째, 행동을 하고 나면 마음이 그러한 행동을 합리화한다(Roy Hazelwood & Stephen G. Michaud, 2001).

범죄행위의 발생 원인을 설명하는 이론은 크게 세 가지로 구분할 수 있다. 첫째 생물학적 접근이다. 뇌의 특정 부위가 범죄와 관련이 있다는 주장을 하며, 이러한 접근은 범죄자에게는 유전적 요소가 있다고 보기도 한다. 그래서 최근에는 흉악범에 대해서 법적, 사회적인 제재 외에 약물 치료의 사용을 주장한다. 둘째, 사회 환경적 접근이다. 이는 범죄의 주요한 원인과 해결책을 사회적 환경적으로 접근하는 것이다. 환경 여건은 사람들의 인격형성에 영향을 미침과 동시에 그의 현실적인 행위의 실행여부에도 직간접으로 영향을 미친다. 미국의 시카고학파는 빈곤, 질병, 범죄의 빈발이 유전적인 요인에 의한 것이 아니고 사회해체의 결과라는 점을 밝혔다. 셋째, 심리학적 접근이다. 정신분석에서는 개체의 성장, 생활과정에서의 정신 상호간의 역학적 관계, 예컨대 어린 시절 가정생활 경험이나 학교생활, 직장, 지역사회에서의 인간관계에 역점을 두고 정신건강의 특징을 설명한다.

● 범죄, 그 심리를 말하다. 오윤성

"죄를 짓는 자는 마귀에게 속하나니 마귀는 처음부터 범죄함이라 하나님의 아들이 나타나신 것은 마귀의 일을 멸하려 하심이라"(요1서 3:8) "나의 죄악이 얼마나 많으니이까 나의 허물과 죄를 내게 알게 하옵소서"(욥 13:23)

사람은 왜 죄를 짓는가?

● 인간이 악하기 때문입니다. 인간은 죄성이 있기 때문에 언제나 죄를 지을 가능성 있습니다. "내가 죄악 중에서 출생하였음이여 어머니가 죄 중에서 나를 잉태하였나이다."(시 51:5)

● 인간의 욕심 때문입니다. 죄의 근본은 욕심에서부터 시작됩니다. 욕심이 없는 사람은 없습니다. "욕심이 잉태한즉 죄를 낳고 죄가 장성한즉 사망을 낳느니라."(약 1:15)

● 환경의 유혹 때문입니다. 죄를 짓게 하는 유혹 때문에 넘어지는 사람도 많습니다. "그곳에 이르러 그들에게 이르시되 유혹에 빠지지 않게 기도하라 하시고 그들을 떠나 돌 던질 만큼 가서 무릎을 꿇고 기도하여"(눅 22:40)

● 영적인 무지 때문입니다. 죄의 결과에 대한 심각성을 알지 못해서 죄를 짓기도 합니다. 심지어 자기가 지은 죄를 자랑하기까지 합니다. "죄의 삯은 사망이요."(롬 6:23)

● 사탄의 유혹 때문입니다. 사탄은 사람뿐 아니라 하나님의 아들까지도 유혹합니다. "마귀가 이르되 네가 만일 하나님의 아들이어든 이 돌들에게 명하여 떡이 되게 하라."(눅 4:3)

【명언】
● 타락의 현상은 쓰레기와 같아서 매일 제거되어야 합니다. (파가자)
● The phenomenon of corruption is like the garbage. It has to be removed daily. (Pagaza)

【묵상】 내가 죄를 짓는 이유는 무엇입니까?

죄를 지으면 어떻게 되는가?

● 불안을 느끼게 됩니다. 아담과 하와는 하나님의 말씀에 불순종한 뒤에 불안하여 나무 뒤에 숨었습니다. "여호와 하나님의 낯을 피하여 동산 나무 사이에 숨은지라."(창 3:8)

● 부끄러움을 당하게 됩니다. 아담과 하와는 죄를 지은 뒤 수치심을 느꼈습니다. "눈이 밝아져 자기들이 벗은 줄을 알고 무화과나무 잎을 엮어 치마로 삼았더라."(창 3:7)

● 사탄의 종노릇을 하게 됩니다. 죄를 지으면 그 죄를 감추기 위해 또 다른 죄를 짓게 되며 그 죄에서 자유롭지 못합니다. "죄를 범하는 자마다 죄의 종이라."(요 8:34)

● 관계가 단절됩니다. 죄는 사람과 하나님과의 관계를 끊어지게 만듭니다. 죄로 인해서 단절된 하나님과의 관계를 회복시키기 위해 중보자로 오신 분이 예수님이십니다(딤전 2:5).

● 사망에 이르게 됩니다. 죄를 짓는 최종적 결과는 영과 육이 죽는 것입니다. "이스라엘 족속아 돌이키고 돌이키라 너희 악한 길에서 떠나라 어찌 죽고자 하느냐?"(겔 33:11)

【명언】
● 너 자신을 알라. 반성하지 않는 삶은 살 가치가 없다. (소크라테스)
● Know yourself. Life is not worth living unless reflection. (Socrates)

【묵상】 죄로 인해 힘들었던 경험은 무엇입니까?

죄의 방사능을 경계하라

● 죄의 방사능에 피폭되지 않은 사람은 없습니다. "의인은 없나니 하나도 없으며 깨닫는 자도 없고, 하나님을 찾는 자도 없고 다 치우쳐 무익하게 되고 선을 행하는 자는 없나니 하나도 없도다."(롬 3:10-12)

● 모든 피조물은 죄의 방사능 피폭으로 고통을 받고 있습니다. "피조물이 다 이제까지 함께 탄식하며 함께 고통을 겪고 있는 것을 우리가 아느니라."(롬 8:22)

● 극미량의 방사능 노출에는 민감하면서, 죄의 노출에 무감각한 것이 인간의 가장 큰 문제입니다. 죄의 방사능에 피폭된 사람도 결국은 죽기 때문에 더욱 조심해야합니다.

● 죄의 방사능으로부터 안전하려면 인간의 도피성이신 예수님께 피해야만 합니다. "너희는 여호와의 선하심을 맛보아 알지어다 그에게 피하는 자는 복이 있도다."(시 34:8)

● 어떤 죄라도 예수님께 나오면 그의 피로 정결케 됩니다. "너희 죄가 주홍 같을지라도 눈과 같이 희어질 것이요 진홍 같이 붉을지라도 양털 같이 희게 되리라."(사 1:18)

【명언】
● 죄를 지은 사람은 항상 의심을 버리지 못한다. (W. 세익스피어)
● The people who sins always does not throw away suspicions. (William Shakespeare)

【묵상】 죄에 대해 어떻게 반응하십니까?

사랑의 심리

사랑은 세 가지 구성요소로 이루어져 있다. 첫 번째는 친밀감(intimacy)으로 사랑하는 관계에서 경험하는 가까움, 결합, 유대감의 감정이다. 두 번째는 열정(passion)으로 낭만, 신체적 매력, 성적 절정감을 유발하는 충동(drive)이다. 세 번째는 결심/책임감(decision/commitment)으로 단기적 측면은 한 사람이 누군가를 사랑하겠다는 결심을 말하며, 장기적인 측면은 그 사랑을 계속 유지하려는 책임감을 말한다. 한 사람이 경험하는 사랑의 크기는 이 세 가지 요소의 절대적인 강도에 달려 있으며, 사랑의 종류는 이 세 가지 요소의 상대적인 강도에 달려 있다. 그리고 이 세 가지 요소는 서로 상호작용하며 여러 가지 종류의 사랑의 형태로 나타난다 (Sternberg, 1986).

에릭 프롬은 사랑의 본성을 깨닫지 못하고 사랑의 기술이 숙달되지 못한 사람은 위험할 수 있다고 경고했다. 사랑의 본성은 받는 것이 아니라 주는 것이다. 사랑을 받는다고 행복해 하기 보다는 사랑을 주는 마음을 배우는 것이 중요한다. 에릭 프롬은 "사랑의 정신에 기초하여 두 사람이 하나로 결합한다는 것은 각자의 자유를 스스로 이용하여 보다 나은 사회를 발전시키는 것이다."라고 했다. 혼자 사는 것보다 두 사람이 결합하여 그것도 하나로 합하여 '사랑의 정신'을 가지고 가정을 만들고, 사회를 발전시킨다는 것이다. 사랑은 맹목적인 감정이 아니며, 자연발생적 충동으로 지속되는 쾌락이 아니다. 그것은 부단한 연마와 자기 수양을 통해 키워지는 하나의 능력이기 때문에 사랑은 하나의 훈련이다.

● 사랑의 기술, 에릭 프롬

"내가 사람의 방언과 천사의 말을 할지라도 사랑이 없으면 소리 나는 구리와 울리는 꽹과리가 되고 내가 예언하는 능력이 있어 모든 비밀과 모든 지식을 알고 또 산을 옮길 만한 모든 믿음이 있을지라도 사랑이 없으면 내가 아무 것도 아니요"(고전 13:1-2)

인생은 사랑입니다.

● 클레오파트라는 뭇 남성의 마음을 사로잡기 위해 자신이 개발한 다섯 가지 사랑의 기술을 사용했습니다. 그녀의 사랑은 이성적인 존재를 얻기 위한 사랑이었습니다.

● 성숙하지 못한 사랑은 어린아이와 같이 사랑받기 위해 사랑하는 것입니다. 그러나 성숙한 사랑은 내가 사랑하기 때문에 그 결과 사랑을 받는다고 생각합니다.

● 인간은 이성의 사랑(애로스)으로 태어나고, 부모의 사랑(스톨게)으로 양육되고, 친구의 사랑(필레오)으로 성장하고 하나님의 사랑(아가페)으로 완성된다(C.S 루이스).

● 바울은 사람이 천사의 말을 하고 산을 옮길만한 모든 믿음이 있을지라도 사랑이 없으면 아무 것도 아니며, 구제를 해도 사랑이 없으면 소용이 없다고 했습니다(고전 13장).

● 나를 죄악에서 구원하기 위해 독생자를 이 세상에 보내시고 십자가에 내어주시기까지 하신 하나님의 풍성한 사랑을 체험하는 자만이 그런 사랑을 할 수 있습니다(요 3:16).

【명언】
● 사람을 사랑하라. 사물은 사용하라. 이것을 반대로 하지 말라. (켈리 앤 로다우스)
● Love, Use things, Not vice-versa. (Kelly Ann Rothaus)

【묵상】 마음껏 사랑하며 살아가고 있습니까?

말세의 잘못된 사랑

● "너는 이것을 알라 말세에 고통하는 때가 이르러 사람들이 자기를 사랑하며, 돈을 사랑하며 자랑하며…쾌락을 사랑하기를 하나님 사랑하는 것보다 더하며"(딤후 3:1-4)

● 자기만 사랑하는 것입니다. 우리는 이웃과 더불어 하나님까지 사랑할 수 있어야 합니다. "계명을 주께 받았나니 하나님을 사랑하는 자는 또한 그 형제를 사랑할지니라."(요일 4:21)

● 돈만 사랑하는 것입니다. "돈을 사랑함이 일만 악의 뿌리가 되나니 이것을 탐내는 자들은 미혹을 받아 믿음에서 떠나 많은 근심으로써 자기를 찔렀도다."(딤전 6:10)

● 쾌락을 사랑하는 것입니다. "무엇이든지 내 눈이 원하는 것을 내가 금하지 아니하며 무엇이든지 내 마음이 즐거워하는 것을 막지 아니하였으니 이는 나의 모든 수고를 내 마음이 기뻐하였음이라."(전 2:10).

● 하나님의 뜻은 돈과 쾌락보다는 먼저 자신과 이웃과 하나님을 균형적으로 사랑하는 것입니다. "이 세상이나 세상에 있는 것들을 사랑하지 말라."(요일 2:15)

【명언】
● 누군가를 사랑한다는 것은 자신을 그와 동일시하는 것이다. (아리스토텔레스)
● To love someone is to identify with them. (Aristotle)

【묵상】 나는 어떤 사랑에 빠져 있습니까?

처음 사랑을 회복하라

● 에베소교회는 그들의 행위와 수고와 인내에 대해 하나님의 칭찬을 받기도 했지만 처음 사랑을 회복하라는 책망을 받았습니다. "너희 처음 사랑을 버렸느니라."(계 2:4)

● 첫 사랑을 회복하는 방법은 무엇일까요? 사람들은 사랑이 식어진 원인을 남의 탓을 하거나 외부에서 찾지만, 하나님은 내가 먼저 회개를 해야 한다고 말씀하십니다.

● 하나님은 첫 사랑을 회복하지 않는 자에게 경고합니다. "처음 행위를 가지라 만일 그리하지 아니하고 회개하지 아니하면 내가 네게 가서 네 촛대를 그 자리에서 옮기리라."(계 2:5)

● 내가 교회를 얼마나 오래 다녔느냐? 내가 과거에 얼마나 충성을 했느냐? 내가 어떤 직분을 가지고 있느냐가 중요한 것이 아니라, 처음 사랑이 있는가가 중요한 것입니다.

● 하나님은 사랑이시기 때문에 내가 하나님의 사랑을 가지고 있는가에 관심이 있습니다. "서로 사랑하라 내가 너희를 사랑한 것 같이 너희도 서로 사랑하라."(요 13:34)

【명언】
● 사랑은 에덴동산의 사과처럼 나무에서 자라지 않는다. 사랑은 직접 만들어야 하는 손이 많이 가는 일이다. (죠이스 캐리)
● Love doesn't grow on the tree like apples in Eden. It's something you have to make & all work, work. (Joyce Carey)

【묵상】 주님을 향한 첫사랑은 무엇입니까?

소망의 심리

　일반적으로 소망은 미래에 대한 바램과 기대이다. 반면에 기독교 소망은 객관적으로 하나님께서 보장하신 미래를 전망하는 것이며, 주관적으로는 성경에 약속된 바가 자신에게 실제로 이루어질 것을 기대하는 마음이다. 기대는 아직 발생하지 않았고, 이루어지지 않았지만 앞으로 실현될 것에 대한 가능성을 확신하고 마음속으로 미래를 부화(incubating)하는 것이다.

　위르겐 몰트만(Jurgen Moltmann, 1979)은 "기대는 삶을 행복하게 만든다. 왜냐하면 인간은 기대 속에서 그의 현재를 수용하게 되고 기쁨 속에서만이 아니고, 고통 가운데서도 긍정적 미래를 발견할 수 있기 때문이다"라고 기대와 소망의 관계를 분석했다. 프랑스 철학자 가브리엘 마첼(Gabriel Marcel)은 "인간에게 소망이 부족할 때 인간의 영혼은 시들어 말라 죽는다."고 주장했는데, 이와 같이 정서적으로 시들어지는 증상은 우울증의 모습으로 나타난다.

아치발드 하트(Archibald D. Hart, 1996)는 심리학에서는 낙관주의나 긍정적 상상을 통하여 내담자의 문제를 치료하려고하는 노력을 하지만, 이는 내담자의 마음을 속여서 행복을 느끼도록 하는 것으로써 건전하지 못한 짓이라고 비판했다. 낙관주의가 전혀 효과가 없는 것은 아니지만, 기독교의 소망과는 큰 차이가 있다. 기독교의 소망은 하나님이 보장하신 확실한 미래를 확신하며 기대하는 것이기 때문이다(Packer & Nystrom, 2000).

● 기독교상담과 신앙, 전요섭

"우리가 소망으로 구원을 얻었으매 보이는 소망이 소망이 아니니 보는 것을 누가 바라리요 만일 우리가 보지 못하는 것을 바라면 참음으로 기다릴지니라"(롬 8:24-25)

소망이 있습니까?

● 하루살이와 풀벌레가 신나게 놀다가 "내일 다시 놀자"고 헤어지려고 했습니다. 이때 하루살이는 '내일'이 없기 때문에 그 말을 이해할 수가 없었습니다.

● 이 세상에도 하루살이처럼 오늘 하루, 눈앞의 현실만을 생각하며 사는 사람들이 많습니다. 이런 사람은 내일(영생)을 이해할 수 없는 하루살이와 같습니다.

● 정신과 환자의 특징 중에 하나는 '내일'에 대한 기대가 없다는 것입니다. 그러나 환자들 중에 치료되는 사람은 내일을 꿈꾸는 사람들입니다(스콧피크, 정신과의사).

● 이 세상에는 '내일을 기대하는 사람'과 '내일을 걱정하는 사람'이 있습니다. 크리스천은 사망의 음침한 골짜기를 다녀도 내일을 소망하는 사람들입니다.

● 어디에 소망을 두고 사십니까? "재물에 소망을 두지 말고"(딤전 6:17) "네가 어찌하여 낙심하며 어찌하여 내 속에서 불안해 하는가 너는 하나님께 소망을 두라."(시 43:5)

【명언】
● 소망은 볼 수 없는 것을 보고, 만져질 수 없는 것을 느끼고, 불가능 한 것을 이룬다. (헬렌 켈러)
● Hope sees the invisible, feels the intangible, and achieves the impossible. (Helen Keller)

【묵상】 무엇에 소망을 두고 살아갑니까?

소망을 가진 이유

● 체조선수로 올림픽 금메달을 따겠다고 결심한 소년이 18세가 되던 해에 공중연습을 하다 떨어져서 평생 휠체어를 타야하는 장애인이 되었습니다.

● 그러나 그는 그런 상황에서도 절망하지 않고 공부하여 하바드 의대 인턴 과정을 수석 졸업하고, 세계 최고 병원인 존스 홉킨스 병원 재활의학 전문의가 됩니다.

● 이 기적의 주인공은 KBS 인간극장에 방영된 이승복박사의 이야기입니다. 그가 절망가운데서 소망을 갖게 된 것은 복음을 들은 후 부터였습니다.

● 그는 "하나님은 나를 위한 완벽한 계획을 갖고 계신다. 나를 어디에 쓰시려는 걸까? 무엇이든 나는 그의 뜻에 따를 생각이었다."고 고백을 했습니다.

● 이승복씨가 절망가운데서도 낙심하지 않고 소망을 갖도록 했던 성경 말씀이 있었습니다. "눈물을 흘리며 씨를 뿌리는 자는 기쁨으로 거두리로다."(시 126:5).

【명언】
● 인간의 모든 지혜는 오직 두 마디 속에 있다는 것을 잊지 마십시오. 기다려라! 그리고 소망을 가져라! (알렉상드르 뒤마)
● All human wisdom is summed up in these two words, 'Wait and hope'. (Alexandre Dumas)

【묵상】 내게 소망을 주는 말씀은 무엇입니까?

절망 바이러스, 소망 활력소

● 단테의 신곡에 의하면 지옥 입구에 "이곳에 들어오는 모든 자들은 소망을 포기하라"고 써 있다고 합니다. 몰트만은 인류가 비참하게 되는 것은 절망하기 때문이라고 했습니다.

● 영국의 문호 세익스피어는 "불행한 사람에게는 희망만이 약이다"라고 말했습니다. 이처럼 소망은 절망을 치료하게 하는 최고의 활력소이자 영양제입니다.

● 인간의 행복과 불행, 축복과 저주는 내가 인생의 소망을 어디에 두느냐에 달려 있습니다. 흔들림이 없고, 변함이 없는 곳에 소망을 두어야 합니다.

● 어디에 소망을 두고 있습니까? "정함이 없는 재물에 소망을 두지 말고 오직 우리에게 모든 것을 후히 주사 누리게 하시는 하나님께 두며 선을 행하고 선한 사업을 많이 하고"(딤전 6:17-18).

● "야곱의 하나님을 자기의 도움으로 삼으며 여호와 자기 하나님에게 자기의 소망을 두는 자는 복이 있도다."(시 146:5) 나는 복 있는 자로 살고 있습니까?

【묵상】
● 과거는 지식의 원천이며, 미래는 소망의 원천이다. (스티븐 앰브로즈)
● The past is a source of knowledge, and the future is a source of hope. (Stephen Ambrose)

【묵상】 내 인생의 영원한 소망은 무엇입니까?

염려 극복하기

벤자민 프랭클린은 필라델피아세서 퀘이커 교도들의 고민을 해결하기 위해 '활동 치료법'을 사용했다.

어떤 사람이 1774년 퀘이커 교도의 요양소를 방문했을 때 정신질환자들이 정신없이 옷감을 짜고 있는 것을 보고 요양소 관계자에게 벌컥 화를 냈다. 그는 요양소 관계자에게 "정신질환자들은 아주 바쁘게 일하는 편이 정신 건강에 좋다"는 말을 듣기까지, 그들이 착취당하고 있는 것으로 오해했던 것이다. 그는 이처럼 일에 열중하는 방법이 날카로운 신경을 진정시

커 주는데 특효라는 것을 깨닫게 되었던 것이다.

헨리 W. 롱펠로우도 젊은 아내를 잃었을 때, 이러한 사실을 깨달았다. 어느 날 그의 부인이 일을 하던 중에 촛불이 옷으로 옮겨 붙어 비명소리를 듣고 달려갔지만, 이미 몸 전체로 불길은 퍼져 결국은 화상으로 인해서 죽고 말았다. 그 후 얼마 동안 롱펠로우는 그때의 무서운 사건이 자꾸 떠올라 거의 미칠 지경에 이르렀다. 그러나 불행 중 다행으로 그의 보호를 필요로 하는 3명의 어린 자식들을 돌보느라 정신이 없게 되었다. 자녀를 돌보는 일로 분주하게 일하다보니 롱펠로우는 자신의 고통을 잊을 수 있었으며 마음의 평안을 찾게 되었다.

컬럼비아 대학 제임스 L. 머셀은 이 사실에 대해서 "고민은 인간이 활발히 행동할 때는 그 자취를 감추지만, 하루의 일과가 끝날 무렵이면 교묘하게 인간을 내습한다. 왜냐하면 인간의 상상력은 이때가 가장 자유분방하며 온갖 잡념을 확대시키기 때문이다"라고 했다.

● 돈, 근심, 걱정 때려잡기, 한희작

"너희 중에 누가 염려함으로 그 키를 한 자라도 더할 수 있겠느냐 또 너희가 어찌 의복을 위하여 염려하느냐 들의 백합화가 어떻게 자라는가 생각하여 보라 수고도 아니하고 길쌈도 아니하느니라"(마 6:28-29)

어떤 일로 염려하십니까?

● 근심은 인생의 적이다. (셰익스피어) 당신이 죽었을 땐 벌레가 먹고, 당신이 살았을 때엔 근심이 먹는다. (유태 격언) 염려와 근심은 불신앙의 또 다른 표현입니다.

● 과거에 얽매이면 안 됩니다. "오직 한 일 즉 뒤에 있는 것은 잊어버리고 앞에 있는 것을 잡으려고 푯대를 향하여 그리스도 예수 안에서 하나님이 위에서 부르신 부름의 상을 위하여 달려가노라."(빌 3:13-14)

● 현재의 문제입니다. 염려만 한다고 해결되는 것이 아닙니다. "어찌 의복을 위하여 염려하느냐 들의 백합화가 어떻게 자라는가 생각하여 보라 수고도 아니하고"(마 6:28)

● 미래의 문제입니다. 앞당겨서 미리 염려할 필요가 없습니다. "내일 일을 위하여 염려하지 말라 내일 일은 내일이 염려할 것이요 한 날의 괴로움은 그 날로 족하니라."(마 6:34)

● 염려할 시간이 있으면 그 시간에 기도하는 것이 지혜입니다. "아무 것도 염려하지 말고 다만 모든 일에 기도와 간구로, 너희 구할 것을 감사함으로 하나님께 아뢰라."(빌 4:6)

【명언】
● 안심하면서 먹는 한 조각 빵이 근심하면서 먹는 잔치보다 낫다. (이솝)
● A crust eaten in peace is better than a banquet partaken in anxiety. (Aesop)

【묵상】 염려와 근심 대신에 기도하고 있습니까?

염려의 진짜 문제

● 성격적인 문제인가? 조급한 성격일수록 염려를 많이 하는 경향이 있습니다. "노하기를 더디 하는 자는 크게 명철하여도 마음이 조급한 자는 어리석음을 나타내느니라."(잠 14:29)

● 인지적인 문제인가? 문제를 인지하는 능력에 따라 차이가 있습니다. 불가능 속에서 가능성을 보는 사람이 있고, 가능 속에서도 불가능을 보는 사람도 있습니다.

● 자신감의 문제인가? 산전수전을 다 겪으면서 성공한 사람은 매사에 자신감이 넘치게 행동합니다. 그래서 웬만한 문제에도 염려하지 않고 극복해 나가기도 합니다.

● 믿음의 문제인가? 그렇습니다. "오늘 있다가 내일 아궁이에 던져지는 들풀도 하나님이 이렇게 입히시거든 하물며 너희 일까보냐 믿음이 없는 자들아!"(마 6:30)

● 성격이 조급하고 자신감이 좀 부족해도 믿는 구석이 있는 사람은 결코 염려하지 않습니다. "너희 염려를 다 주께 맡기라. 이는 그가 너희를 돌보심이라."(벧전 5:7)

【명언】
● 사람은 행복하기로 마음먹은 만큼 행복하다. (아브라함 링컨)
● Most of us are just as happy as we make up our minds to be. (Abraham Lincoln)

【묵상】염려하지 않는 믿음이 있습니까?

염려하지 말아야 할 이유

● 일어나지 않을 일에 대한 염려가 40%이고, 지나간 과거에 대한 염려는 30%이며, 사소한 일에 대한 염려는 22%이다. 진짜 염려할 것은 8%에 불과하다. (어니 젤린스키)

● 염려는 해롭고 비생산적이기 때문입니다. "근심을 뼈를 마르게 하느니라."(잠 17:22), "너희 중에 누가 염려함으로 그 키를 한 자라도 더할 수 있겠느냐?"(마태 6:27)

● 나를 향한 하나님의 약속은 분명히 이루어지기 때문입니다. "하나님은 사람이 아니시니 거짓말을 하지 않으시고 인생이 아니시니 후회가 없으시도다."(민 23:19)

● 염려는 불신앙의 모습이기 때문입니다. "염려하여 이르기를 무엇을 먹을까 무엇을 마실까 무엇을 입을까 하지 말라 이는 다 이방인들이 구하는 것이라."(마 6:31-32)

● 염려할 시간에 기도를 하거나, 오히려 하나님께 맡기는 것이 지혜롭고 믿음이 있는 사람의 모습입니다. "너희 염려를 다 주께 맡기라 이는 그가 너희를 돌보심이라."(벧전 5:7)

【명언】
● 걱정 없는 인생을 바라지 말고, 걱정에 물들지 않는 연습을 하라. (알랭 드 보통)
● Do not want life without worry, make a practice so that not get soaked by worry. (Alain de Botton)

【묵상】 하나님께 맡기지 못한 이유는 무엇입니까?

용서의 심리

트레이너(Trainer)는 용서를 다음과 같이 3 가지로 구분했다. '역할 기대적 용서'는 주위에서 용서하기를 기대하기 때문에 용서하는 것으로 겉으로는 용서하는 행동을 보이지만, 내부적으로는 불안, 분노 등이 남아 있는 용서이다. '방편적 용서'는 상대방을 처벌하는 한 가지 방편으로 용서를 이용하는 것으로서, 겉으로는 용서하는 행동을 보이지만 내부적으로는 상대방에 대한 멸시와 적의를 가지는 용서를 말한다. '본질적 용서'란 진정한 용서를 말하는 것으로서 가해자에게 용서와 호의를 표현하고 가해자에 대한 감정과 태도를 바꾸는 것이다.

노스(Joanna North)는 용서는 자신에게 상처를 입힌 사람에게 가지게 되는 부정적인 감정과 판단을 극복하는 것이라고 한다. 용서가 이루어질 때 가해자를 연민과 관대함 그리고 사랑으로 보고 그에 대해 스스로 포기한 권리를 재인식할 수 있게 된다. 엔라이트(Enright)는 트레이너와 노스의 견해를 더욱 발전시켜 용서의 의미를 구체화하였다. 즉 노스(North)는 가해자를 용서하는 사람의 정서적 변화만을 다루었다고 지적하면서, 판단(용서하는 사람이 가해자에게 대해서 어떻게 생각하는가)과 행동(용서하는 사람이 가해자에 대해서 어떻게 행동하는가)의 변화의 개념을 포함했다. 즉 엔라이트는 용서란 상처받은 사람이 가해자에 대한 분노나 적대감을 버리고 오히려 그에게 사랑과 자비를 베풀려는 복합적인 심리과정으로서 가해자에 대한 부정적인 정서, 행동, 인지를 보다 긍정적인 정서, 행동, 인지로 대치하는 복합적인 과정이라고 했다.

"너희가 무슨 일에든지 누구를 용서하면 나도 그리하고 내가 만일 용서한 일이 있으면 용서한 그것은 너희를 위하여 그리스도 앞에서 한 것이니 이는 우리로 사탄에게 속지 않게 하려 함이라"(고후 2:10-11)

누가 진정한 크리스천인가?

● 교회를 오래 다녔거나 어떤 직분을 가졌거나 열심히 예배를 드리고 전도도 하고, 헌금을 하며 봉사를 하는 것도 믿음이 좋은 성도의 모습일 수 있습니다.

● 그러나 진정한 크리스천의 최고의 모습은 용서입니다. 용서가 쉬운 일은 아니지만, 그래도 하나님의 마음을 가지면 얼마든지 용서할 수 있습니다.

● 가정과 직장 그리고 교회에서 때로 화를 내기도 하고, 미워하기도 합니다. 그렇지만 성령의 인도하심을 받으면 누구라도 용서할 수 있는 능력을 갖게 됩니다.

● "노하기를 더디 하는 것이 사람의 슬기요 허물을 용서하는 것이 자기의 영광이니라."(잠 19:11) 용서는 하나님의 성품을 가진 자만이 할 수 있는 능력입니다.

● 하나님은 내가 먼저 형제를 용서할 것을 요구하십니다. "각각 마음으로부터 형제를 용서하지 아니하면 나의 하늘 아버지께서도 너희에게 이와 같이 하시리라."(마 18:35) 나는 진정한 크리스천입니까?

【명언】
● 지혜로운 자는 용서를 지체하지 않는다. 왜냐하면 용서를 해야 불필요한 고통을 당하지 않기 때문이다. (사무엘 존슨)
● The wise man does not wait for forgiveness, because forgiveness does not give unnecessary pain. (Samuel Johnson)

【묵상】 용서가 되지 않는 이유는 무엇입니까?

요셉처럼 용서할 수 있는가?

● 요셉은 형들의 미움을 받아 청소년기에 애굽의 노예로 팔려가는 고통을 겪게 됩니다. 그의 꿈은 무산되는 것 같았고 그때부터 요셉의 인생은 힘들어지게 되었습니다.

● 요셉은 견디기 힘든 역경과 오해 속에서도 하나님의 은혜로 애굽의 국무총리가 됩니다. "바로가 또 요셉에게 이르되 내가 너를 애굽 온 땅의 총리가 되게 하노라."(창 41:41)

● 수년 이 흐른 뒤에 극심한 기근 때문에 가나안 땅에 살던 요셉의 형들이 양식을 구하기 위해 애굽에 왔을 때, 형들은 국무총리가 된 동생 요셉을 만나게 됩니다.

● 이때 요셉은 형들을 안심시킵니다. "나를 이곳에 팔았음으로 근심하지 마소서 한탄하지 마소서. 하나님이 생명을 구원하려고 나를 당신들 앞서 보냈나이다."(창 45:4)

● 일반적으로 이런 경우에 사람들은 복수할 기회로 여깁니다. 그렇지만 요셉은 예수님처럼 용서했습니다. 이는 그가 하나님의 성품을 가진 믿음의 사람이었기 때문입니다.

【명언】
● "용서는 하지만 잊지 않겠다."는 말은 "용서하지 않겠다."는 말과 다를 바 없다. (헨리 워드 비처)
● "I can forgive, but I can't forget.," is only another way of saying, "I will not forgive." (Henry Word Beecher)

【묵상】 내가 요셉이었다면 어떻게 했을까요?

용서의 축복을 경험하라

● 용서 받지 못해 고통 하는 사람이 있습니다. 그런 사람은 아무리 좋은 집에서 잠을 자고, 맛있는 음식을 먹어도 그 영혼은 여전히 곤고하고 괴롭습니다.

● 반면에 용서할 수 없어서 고통당하는 사람이 있습니다. 입술로는 몇 번씩 용서해야 된다고 하면서도 여전히 마음에 용납이 되지 않는 것도 큰 고통입니다.

● 인간은 누구나 용서받아야 할 때 용서받아야 하고, 용서해야 할 때 용서해야 합니다. 그럴 때 마음의 평화가 있고, 진정한 마음의 천국이 있습니다.

● 왜 용서가 안 될까요? 인간이 악하기 때문입니다. 용서보다는 미움과 증오와 복수를 하고 싶은 게 인간의 속성입니다. 용서는 하나님의 성품입니다.

● 하나님의 용서를 체험한 사람만이 진정으로 용서할 수 있습니다. "서로 용서하기를 하나님이 그리스도 안에서 너희를 용서하심과 같이 하라."(엡 4:32)

【명언】
- 용서를 받으려면, 먼저 용서하라. (L. A. 세네카)
- To receive forgiveness, forgive first. (Lucius Annaeus Seneca)

【묵상】 용서를 위해 필요한 것은 무엇입니까?

절제의 심리

심리학자 조지 로웬스타인(George Loewenstein)은 우리 마음의 '뜨거운(hot)' 상태와 '차가운(cold)' 상태에 대한 연구를 했다. 뜨거운 상태는 감정이 매우 강렬해져서 뭔가를 하고 싶거나 하고 싶지 않은 욕구를 강하게 느끼는 순간을 말한다. 한편 차가운 상태는 감정의 강도가 낮고, 의사결정 과정에서 합리적인 마음이 더 지배적인 힘을 행사하는 순간을 일컫는다. 그런데 사람은 자신이 어떤 상태에 있느냐에 따라 생각하거나 행동하는 방식이 아주 달라진다는 것이다.

예를 들면, 쇼핑을 할 때도 배고플 때 쇼핑하는 사람은 배부를 때 쇼핑하는 사람보다 물건을 더 많이 산다고 한다. 배가 고프면 음식에 뜨거운 열정을 느끼기 때문에 자신이 먹을 수 있는 양을 과대평가하게 된다. 그래서 좋지 않은 결과를 초래할 가능성이 많다. 이처럼 감정이 달아오른 상태에서 행동하는 것이 그만큼 위험한 행동이라는 것을 보여준다. 그러므로 스스로가 자신의 감정이 뜨거운 상태인지, 차가운 상태인지 객관적으로 이름을 붙이고 그 상황에 대처한다면 감정의 홍수에 빠져 스스로를 위기로 몰아넣지는 않을 것이다.

반면에 절제란 인간의 뜨거운 감정의 상태가 갑자가 달아오르지 않도록 하는 행동의 습관이며, 마음을 다스리는 것이다. 뜨거운 마음을 절제하지 못하면 순간 범죄로 이어질 수도 있는 등 어떤 행동을 할지 모른다. 절약이 물질적인 아낌이라면 절제는 정신적인 아낌, 마음이 끓어오르기 전에 과감하게 불을 끄는 용단이다. 행복은 절제를 통해서 온다.

"하나님이 우리에게 주신 것은 두려워하는 마음이 아니요 오직 능력과 사랑과 절제하는 마음이니 그러므로 너는 내가 우리 주를 증언함과 또는 주를 위하여 갇힌 자 된 나를 부끄러워하지 말고 오직 하나님의 능력을 따라 복음과 함께 고난을 받으라"(딤후 1:7-8)

보는 것을 절제해야 한다.

● 이 세상에는 꼭 보아야 할 것이 있고, 보아서는 안 될 것이 있으며, 보는 것을 절제해야 할 것들이 있습니다. 잘못된 바라봄은 고통과 실패를 낳기도 합니다.

● 아담과 하와: "여자가 그 나무를 본즉 먹음직도 하고 보암직도 하고 지혜롭게 할 만큼 탐스럽기도 한 나무인지라."(창 3:6) 하와의 죄는 보는 데서 시작되었습니다.

● 솔로몬: "무엇이든지 내 눈이 원하는 것을 내가 금하지 아니하며"(전 2:10) 솔로몬은 보고 싶은 것을 다 경험했으나 그에게 남은 것은 허무함뿐이었습니다(전 2:11).

● 삼손: 이방 여인에게 유혹되어 두 눈을 잃게 되었습니다. "블레셋 사람들이 그를 붙잡아 그의 눈을 빼고 가사에 내려가 놋줄로 매고 맷돌을 돌리게 하였더라."(삿 16:21)

● "너희가 보는 것을 보는 눈은 복이 있도다."(눅 10:23) 볼 수 없는 것을 보는 것이 축복입니다. "내 눈을 열어서 주의 율법에서 놀라운 것을 보게 하소서."(시 119:18)

【명언】
● 자기 스스로를 다스릴 수 없는 사람은 자유로울 수 없다. (피타고라스)
● People who can not control themselves can not be free. (Pythagoras)

【묵상】 절제가 되지 않는 이유는 뭘까요?

절제하는 삶이 행복

● 음식을 절제해야 합니다. "선악을 알게 하는 나무의 열매는 먹지 말라 네가 먹는 날에는 반드시 죽으리라 하시니라."(창2:17) 아무 것이나 먹으면 문제가 생깁니다.

● 생각을 절제해야 합니다. "너희 각 사람에게 말하노니 마땅히 생각할 그 이상의 생각을 품지 말고 오직 하나님께서 각 사람에게 나누어 주신 믿음의 분량대로 지혜롭게 생각하라"(롬 12:3)

● 감정의 절제도 필요합니다. "노하기를 더디 하는 자는 크게 명철하여도 마음이 조급한 자는 어리석음을 나타내느니라."(잠 14:29) 감정을 다스리는 자가 성숙한 자입니다.

● 입술의 절제는 능력입니다. "말이 많으면 허물을 면하기 어려우나 입술을 제어하는 자는 지혜가 있느니라."(잠 10:19) "듣기는 속히 하고 말하기는 더디 하며 성내기도 더디 하라."(약 1:19)

● 탐욕의 절제가 복입니다. "잔과 대접의 겉은 깨끗이 하나 너희 속에는 탐욕과 악독이 가득하도다."(눅 11:39) 욕심이 지나쳐 탐심이 되면 이는 우상숭배입니다(골 3:5).

【명언】
● 욕망을 만족시키는 것을 거부하라. 향락을 절제하면 그만큼 인생은 풍부해진다. (임마누엘 칸트)
● Reject the desire to satisfy, if abstaining from pleasures life has become that much richer. (Immanuel Kant)

【묵상】 어떻게 절제하고 있습니까?

절제는 성령의 능력

● 내가 절제하는 4가지 이유는 나의 머리가 좀 더 맑고, 나의 건강이 좀 더 좋아지고, 나의 마음이 좀 더 가볍고, 나의 지갑은 좀 더 두툼해지기 때문이다(토마스 구트리).

● 분수에 넘치지 않게 절제하는 것이 능력입니다. 마음을 다스리고, 생각을 절제하는 자가 거룩한 자입니다. "마땅히 생각할 그 이상의 생각을 품지 말고"(롬 12:3)

● 절제하는 자가 승리합니다. "이기기를 다투는 자마다 모든 일에 절제하나니 그들은 썩을 승리자의 관을 얻고자 하되 우리는 썩지 아니할 것을 얻고자 하노라."(고전 9:25)

● 자신의 본능과 욕심을 절제 못하면 영과 육이 병들고 결국 망하게 되어 있습니다. "욕심이 잉태한즉 죄를 낳고 죄가 장성한즉 사망을 낳느니라."(약 1:15)

● 절제는 성령의 열매입니다(갈 5:23). 인간의 의지만으로 안 됩니다. "힘으로 되지 아니하며 능력으로 되지 아니하고 오직 나의 영으로 되느니라."(슥 4:6)

【명언】
● 삶을 통제할 수 있을 때 삶에 표시를 남겨야 한다. (이자크 디네센)
● We must leave our mark on our life while we have it in our power. (Isak Dinesen)

【묵상】 절제의 경험이 있습니까?

죽음의 불안

사람들이 죽음을 생각할 때 첫째, 무한할 것만 같은 시간과 공간의 소유를 버려야한다는 부담이 있다. 둘째, 자신의 가치가 죽음 앞에서 무가치하게 된다는 것이고, 셋째, 죽음으로 인해 자신의 사회적 역할을 더 이상할 수 없다는 불안과, 죽음 전에 남겨진 시간을 어떻게 활용해야 하는지 몰라서 당황하는 경험을 한다(Perlmutter & Hall, 1992).

이런 죽음에 대한 실질적인 위협으로 인간은 첫째, 죽음에 대한 생각을 무의식적으로 방어하며, 둘째, 불멸성(immortality)에 대한 욕구로 영웅

주의적 생활을 한다. 영웅주의는 인간이 가진 죽음에 대한 공포 내지는 불안을 잠식하려는 의도에서 발로되는 것이다(Becker, 1973). 이런 입장과 비슷하게 프로이드는 다음과 같이 죽음과 인간의 관계를 설명하고 있다.

"인간은 죽음을 인생에 필요한 결과로 인식한다. 그러나 실제로 인간은 죽음이 마치 우리와는 상관없는 것처럼 행동하는 것에 익숙해져 있다. 인간은 죽음을 삶에서 제거하기 위하여 실수하지 않고 '선반'에 죽음을 올려놓고, 보지 않으려고 한다. 이처럼 인간은 자신의 죽음만큼은 정말로 상상하지 않으려고 의도적으로 혹은 무의식적으로 노력한다. 즉 어느 누구도 자신의 죽음을 믿지 않으려고 한다. 정신분석학파는 인간의 밑바탕에는 누구도 자신의 죽음을 믿지 않는다고 하거나, 모든 사람은 자신의 무의식 가운데서 불멸성을 생각하고 있기 때문에 자신의 죽음을 믿지 않는다고 주장한다(Freud, 1959)."

"하늘에서 음성이 나서 이르되 기록하라 지금 이후로 주 안에서 죽는 자들은 복이 있도다 하시매 성령이 이르시되 그러하다 그들이 수고를 그치고 쉬리니 이는 그들의 행한 일이 따름이라 하시더라"(계 14:13)

죽음이란 무엇인가?

● 육체와 영혼의 분리되는 것입니다. 인간에게서 영혼이 떠나는 것이 죽음입니다. "인생들의 혼은 위로 올라가고 짐승의 혼은 아래 곧 땅으로 내려가는 줄을 누가 알랴."(전 3:21)

● 육체적으로는 살아 있으나 하나님을 믿지 않는 자는 영적으로 죽은 자입니다. "죽은 자들이 그들의 죽은 자들을 장사하게 하고 너는 나를 따르라 하시니라."(마 8:22)

● 인생의 결산을 하는 날입니다. "지으신 것이 하나도 그 앞에 나타나지 않음이 없고 우리의 결산을 받으실 이의 눈앞에 만물이 벌거벗은 것 같이 드러나느니라."(히 4:13)

● 천국으로 이민 가는 것입니다. "내가 너희를 위하여 거처를 예비하러 가노니 가서 너희를 위하여 거처를 예비하면, 내가 다시 와서 너희를 내게로 영접하여 나 있는 곳에 너희도 있게 하리라."(요 14:2-3)

● 죽음은 예수 그리스도이외에 그 누구도 극복할 수 없었습니다. "예수께서 이르시되 나는 부활이요 생명이니 나를 믿는 자는 죽어도 살겠고 무릇 살아서 나를 믿는 자는 영원히 죽지 아니하리니 이것을 네가 믿느냐?"(요 11:25-26)

【명언】
● 내가 곧 죽는다는 사실은 알고 있다. 하지만 나는 죽음에 대해서 그 어느 것도 아는 것이 없다. (B. 파스칼)
● I know that I shall die soon. but, I don't know anything about death. (Blaise Pascal)

【묵상】 나에게 죽음이란 무엇입니까?

죽음을 대하는 태도

● 죽음에 대해서 무관심하게 살아가는 사람들이 있습니다. 그러나 죽음은 내가 무관심하게 생각한다고 해서 나와 아무런 관계가 없는 것은 아닙니다.

● 죽음에 대해 많은 사람들이 불안을 느낍니다. 이러한 현상은 죽음 자체에 대한 두려움과 동시에 죽어가는 과정에 대한 두려움 때문에 생기기도 합니다.

● 죽음을 자연스럽게 수용하는 사람도 있습니다. 사람이 죽는 것을 태어나는 것과 마찬가지로 자연스럽게 여기기 때문입니다. "한번 죽는 것은 사람에게 정해진 것이요."(히 9:27)

● 바울처럼 부활의 신앙을 가진 믿음의 사람은 죽음을 두려워하지 않고, 오히려 죽음을 향하여 담대합니다. "사망아 너의 승리가 어디 있느냐 사망아 네가 쏘는 것이 어디 있느냐?"(고전 15:55)

● 영생의 소망을 가진 성도는 죽음을 두려워할 이유가 없습니다. "너희에게 이르노니 내 말을 듣고 또 나 보내신 이를 믿는 자는 영생을 얻었고 심판에 이르지 아니하나니 사망에서 생명으로 옮겼느니라."(요 5:24)

【명언】
● 이 세상에 죽음만큼 확실한 것은 없다 그런데 사람들은 겨우살이 준비는 하면서도 죽음은 준비하지 않는다. (톨스토이)
● There is not certain in this world as death, then people are ready mistletoe, but not for death. (Tolstoy)

【묵상】 죽음 불안을 어떻게 극복합니까?

주안에서 죽는 것은 복입니다.

● 죽지 않는 것은 인간의 소망이지만, 죽지 않고 오래 사는 것만이 축복은 아닙니다. 죽음이 죄의 삯으로 인한 형벌이기는 하지만 주안에서 죽는 것은 축복입니다(계 14:13).

● 부활의 기쁨이 있습니다. 죽지 않으면 부활의 기쁨을 맛볼 수 없습니다. "죽은 자의 부활도 그와 같으니 썩을 것으로 심고 썩지 아니할 것으로 다시 살아나며"(고전 15:42)

● 영원한 생명을 얻습니다. 새 하늘과 새 땅에서는 다시는 눈물이나 사망이 없고 애통하는 것이나 아픈 것이 없기 때문입니다(계 21:4). 그러므로 주안에서 죽는 자가 복입니다.

● 천국으로 이민 가는 것입니다. 죽음은 천국으로 이민을 가는 관문입니다. "우리의 시민권은 하늘에 있는지라 거기로부터 구원하는 자 곧 주 예수 그리스도를 기다리노니"(빌 3:20)

● 예수를 믿고 구원의 확신이 있는 사람은 죽음을 두려워하지 않습니다. "푯대를 향하여 그리스도 예수 안에서 하나님이 위에서 부르신 부름의 상을 위하여 달려가노라."(빌 3:14)

【명언】
● 잘 보내진 하루가 행복한 잠을 가져오듯이 잘 산 인생은 행복한 죽음을 가져온다. (레오나르도 다 빈치)
● As a well spent day brings happy sleep, so life well used brings happy death. (Leonard ad Vinci)

【묵상】 내가 죽으면 어떻게 될까요?

삶의 기준이 됩니다.

목사님!

'300자 아침묵상'을 책으로 발간하시게 됨을 진심으로 축하드립니다. 언젠가부터 목사님이 보내주시는 '300자 아침묵상'을 매일 받으면서 다시 한 번 도전의 기회를 얻게 되었습니다. 때로 나의 욕심과 약한 의지력 때문에 선한 행위의 실천이 어렵다고 문자로 고백할 때마다 목사님은 별도로 과외지도(?)까지 해 주셔서 저에게는 큰 도움이 되었습니다. 짧은 기간이었지만 '300자 아침묵상'은 내 마음이 혼란스럽고 갈등이 생길 때마다 생각과 행동의 기준이 되어 주었습니다. 한 마디로 '300자 아침묵상'은 내 마음의 거울이었고 판단의 잣대가 되어 주었습니다.

그동안 보내 주셨던 하나님의 말씀을 드디어 책자로 발간하게 되었다니 참으로 감사한 일입니다. 앞으로 보다 많은 분들이 이 '300자 아침묵상'을 책으로 접하면서 마음에 새겨서 선한 생활의 길잡이가 될 수 있기를 기도드립니다. 묵상집의 발간을 다시 한 번 축하드립니다. 항상 건강하고 평안하십시오.

● 이원봉 목사

벌써 3년째가 되었네요!

할렐루야!

주님께 영광을 돌립니다. 날마다 '300자 아침묵상'으로 하루를 시작하면서 그 은혜를 홀로 감당할 수 없어서 지인들과 함께 했던 시간들이 벌써 3년이 지났군요!

목사님! 뒤돌아보면 제가 하나님의 특별하신 계획과 섭리가운데 신학을 시작하면서 성결대학교에서 목사님의 강의를 들으면서 도전을 받았던 때가 벌써 10년이 넘었습니다.

그동안 여러모로 부족함에도 불구하고 주님의 사명을 감당해 오면서 때마다 힘이 되어 주시고 지금까지 조언자와 동역자가 되어 주셔서 이 지면을 통해 감사드립니다.

특별히 그동안 아침마다 주셨던 귀한 묵상의 말씀이 이제 한 권의 책으로 탄생하여 더 많은 분들에게 양식이 되어진다니 진심으로 감사하며 축하드립니다.

아무쪼록 금번 묵상집을 통하여 새로운 힘을 얻고 주님과 동행하는 사람들이 많아지기를 기도드립니다. 내내 강건하시고 귀한 사역에 주님의 은총이 충만하시기를 기도드립니다.

● 지한철 목사

400 명에게 보냅니다.

목사님!

'300자 아침묵상'으로 인해서 많은 분들이 힘과 용기를 얻었다는 피드백을 들을 때 저도 큰 보람을 느낍니다. 저는 목사님이 보내주신 아침묵상을 약 400여분과 공유를 하고 그 중에서 70-80여 분들께서 피드백을 주시고, 어떤 분들은 구역이나 셀 목장에서 나누며 은혜를 받고 있습니다. 지난해 말에 전역한 주임원사와 50여명의 간부들에게 사명감을 가지고 보내고 있고, 어떤 분들은 100명의 경찰에게도 보낸다고 합니다.

제가 보내는 400여명 중에는 부사관에서 장군에 이르기까지 현역에서 예비역까지, 장로님에서 불신자까지, 지역은 미국, 호주, 홍콩, 베트남, 필리핀 지구촌 곳곳에 뿌려지고 있고 그 열매는 하나님께서 거두시리라 믿습니다.

바쁘신 일과 중에서도 귀한 말씀으로 이 시대에 맞는 모바일 선교를 하시는 목사님께서 하나님의 기쁨이 되시리라 믿습니다. 아무쪼록 항상 건강하셔서 오래도록 이 사역을 감당하시기를 기도드립니다. 목사님! 사랑하고 축복합니다. 할렐루야!

● 박성배 장로

지우지 않고 묵상합니다.

지난 20여년 동안 신앙생활을 쉬고 있었을 때, 아침마다 들려오는 카톡 소리가 짜증이 나서 보지 않을 때도 있었습니다. 그러던 어느날 남편의 갑작스런 사망은 충격으로 다가왔습니다. 그때에 나는 하나님께 바짝 엎드리게 되었고, 그동안 기도하지 않고 하나님을 너무나 멀리 떠나 살고 있었던 것을 회개하였습니다. 인간의 모든 생사화복과 물질적 축복과 같은 모든 것들이 하나님께서 주관하신다는 것을 깨닫고 삶의 목표와 방향도 바뀌게 되었습니다.

그 이후에 들려오는 카톡 소리가 어찌 그리 반가운지요! 예전의 짜증스러웠던 소리와는 너무나도 다르게 다가왔습니다. 그동안 읽지 않았던 아침묵상을 다시 하나씩 읽어 보게 되었습니다. 읽고 또 읽어도 그것은 나에게 하신 말씀 같았고, 그 말씀 하나 하나가 힘이 되었고, 큰 위로와 감사가 되었습니다. 카톡의 다른 내용은 다 지워도 아침묵상은 소중하게 간직을 해 왔었는데, 그것을 책으로 낸다니 참으로 반가운 일입니다. 그동안 말씀으로 힘을 주신 목사님께 진심으로 감사드립니다.

● 정혜순 집사

남편이 많이 변했어요.

목사님!

3년 동안의 아침묵상을 책으로 출판하시게 됨을 축하드립니다. 저는 아침묵상을 노트에 기록하여 매일 남편과 함께 가정예배로 하나님의 풍성한 은혜를 누리고 있습니다. 때로는 혼자 예배를 드리며 남편에게 말씀을 요약하여 전송하면서 오늘이 있기까지 남편이 그리스도 안에서 많이 변화된 모습을 보게 되어 너무 감사를 드립니다. 아침묵상의 내용에는 읽을 때마다 인생의 모든 문제와 해답이 성경에 하나도 빠짐없이 다 기록되어 있음을 보며 날마다 새롭게 놀라움을 금할 수 없습니다.

이 기쁜 소식을 혼자서만 누리는 것이 아까워 미국에 사는 딸, 대기업 프로젝트로 회사생활에 바쁜 아들, 우리 조카들 불신자 친구 그리고 구미에서 전도한 분에게 카톡으로 나누면서 또 다른 기쁨을 체험하고 있습니다. 미국에 있는 딸과 말씀을 나누며 하나님이 전도의 사명을 가진 자녀를 통해 빛과 소금의 역할을 하게 하심을 감사드립니다. 존경하는 목사님! 책의 출판을 위해 기도하겠습니다.

● 박정자 집사

큰 도움이 되었습니다.

아멘! 아멘!

목사님 매일 매일 귀한 말씀이 은혜가 됩니다. 하루라도 신구약을 안 먹으면 늘 빌빌댑니다. 3년 동안 목사님이 보내주신 말씀으로 큰 은혜를 받았습니다.

서로 멀리 떨어져 있기에 모든 사정을 알지 못하고 전화 통화도 한 번 못 드리는데, 주의 사랑으로 끊임없이 보내주신 아침묵상의 말씀은 저의 신앙에 큰 도움이 됩니다. 슬플 때 위로의 말씀을 주시고, 위험에 처했을 때에 안전함의 말씀으로, 죄 가운데 있을 때는 회초리의 말씀으로 조금도 한 눈 팔 수 없도록 말씀으로 인도해 주심을 감사드립니다.

잔잔한 물가 푸른 초장 안에 살진 양이 되어 하나님의 마음에 드는 일꾼이 되어 살아가려고 늘 깨어 있습니다. 보내 주시는 귀한 말씀을 한 입 한 입 잘도 받아먹으면서 감사의 댓글을 자주 보내드리지 못해서 죄송한 마음을 금할 길 없습니다.

그래도 목사님이 보내주시는 '300자 아침묵상'을 오늘도 손꼽아 기다리는 뻔순이 권사입니다. 목사님! 감사하고 존경합니다.

● 최경순 권사

택배를 기다리는 마음

샬롬!

목사님을 통해서 돌보아 주시던 하나님의 따뜻한 손길을 잊을 수가 없습니다. 젊은 나이에 오해로 인한 화병과 억울함으로 미치기 직전까지 간 적도 있었던 나이롱 신자였습니다. 그런데 '아침묵상'으로 하나님의 임재를 알게 하시고 하나님의 사랑을 깨닫게 하심을 감사드립니다. 택배처럼 배달되는 말씀을 통해 보이지 않았던 것들을 보게 하시고 들리지 않았던 것들을 듣게 되면서 저의 삶은 기쁨이 넘치게 되었습니다. 근무지를 옮기면서 잠깐 연락이 끊어졌던 목사님과 다시 연락이 되어 이렇게 주 안에서 아침묵상으로 만나게 되니 너무도 감사한 마음으로 하루하루 지내고 있습니다.

잘 정리된 목사님의 아침묵상은 저에게 큰 힘이 됨과 동시에 주변 형제들에게 주님의 사랑을 전하는 도구로 사용할 수 있어서 너무나 감사합니다. 목사님의 귀한 사명으로 말미암아 많은 영혼들이 하나님과 늘 동행하기를 바라면서 목사님의 사역에 하나님의 사랑과 은총이 충만하시기를 기원합니다.

● 고재관 집사

52주 마음 다스리기

초판 1쇄 찍은 날 2016년 10월 20일
초판 1쇄 펴낸 날 2016년 10월 29일

지은이 박기영

펴낸이 조석행

펴낸곳 예영B&P

디자인 차순주

등록번호 1998년 9월 24일(가제 17-217호)

주 소 02059 서울시 중랑구 용마산로 122길 12(망우동354-43) 2층
　　　　Tel 02)2249-2506~7 　　**Fax** 02)2249-2508

총 판 예영커뮤니케이션
　　　　Tel 02)766-7912　　　　　　**Fax** 02)766-8934

ISBN 978-89-90397-60-7　03230

값 12,000원